云南大学周边外交研究中心智库报告

孟中印缅经济走廊建设的理论与实践

BCIM ECONOMIC
CORRIDOR：
THEORY AND PRACTICE

刘稚　卢光盛 等　著

社会科学文献出版社
SOCIAL SCIENCES ACADEMIC PRESS (CHINA)

2015 年度国家社科基金重大项目"'一带一路'视野下跨界民族及边疆治理国际经验的比较研究"阶段性成果

云南大学周边外交研究中心

学术委员会

主 任 委 员：郑永年

副主任委员 邢广程　朱成虎　肖　宪

委　　　员（按姓氏笔画排序）

王逸舟　孔建勋　石源华　卢光盛　刘　稚

许利平　李一平　李明江　李晨阳　杨　恕

吴　磊　陈东晓　张景全　张振江　范祚军

胡仕胜　高祖贵　翟　崑　潘志平

《云南大学周边外交研究中心智库报告》

编委会

■ 总　序

　　近年来，全球局势急剧变化，国际社会所关切的一个重要议题是：中国在发展成为世界第二大经济体之后，其外交政策是否会从防御性转变为具有进攻性？是否会挑战现存的大国和国际秩序？甚至会单独建立自己主导的国际体系？的确，中国外交在转变。这些年来，中国已经形成了三位一体的新型大外交，我把它称之为"两条腿，一个圈"。一条腿是"与美、欧、俄等建立新型的大国关系，尤其是建立中美新型大国关系"；另一条腿为主要针对广大发展中国家的发展战略，即"一带一路"；"一个圈"则体现于中国的周边外交。这三者相互关联，互相影响。不难理解，其中周边外交是中国外交的核心，也是影响另外"两条腿"行走的关键。这是由中国本身特殊的地缘政治考量所决定的。首先，周边外交是中国在新形势下全球谋篇布局的起点。中国的外交中心在亚洲，亚洲的和平与稳定对中国至关重要，因此是否能处理好与周边国家关系的良性发展，克服周边复杂的地缘政治环境将成为影响中国在亚洲崛起并建设亚洲命运共同体的关键。其次，周边外交是助推中国"一带一路"主体外交政策的关键之举。"一带一路"已确定为中国的主体外交政策，而围绕着"一带一路"的诸多方案意在推动周边国家的社会经济发展，考量的是如何多做一些有利于周边国家的事，并让周边国家适应中国从"韬光养晦"到"有所作为"的转变，并使之愿意合作，加强对中国的信任。无疑，这是对周边外交智慧与策略的极大考验。最后，周边外交也是中国解决中美对抗、中日对抗等大国关系的重要方式与途径。中国充分发挥周边外交效用，巩固与加强同周边国家的友好合作关系，支持周边国家的发展壮大，提升同中国的向心力，将降低美日等大国在中国周边地区与国家中的影响力，并化解美国在亚洲同盟与中国对抗的可能性与风险，促成周边国家自觉地对中国的外交政策做出适当的调整。

从近几年中国周边外交不断转型和升级来看，中国已经在客观上认识到了周边外交局势的复杂性，并做出积极调整。不过，目前还没能拿出一个更为具体、系统的战略。不难观察到，中国在周边外交的很多方面既缺乏方向，更缺乏行动力，与周边国家的关系始终处于"若即若离"的状态。其中导致该问题的一个重要原因是对周边外交研究的不足与相关智库建设的缺失，致使中国的周边外交还有很大的提升和改进空间。

云南大学周边外交研究中心一直紧扣中国周边外交发展的新形势，在中国周边外交研究方面有着深厚的基础、特色定位，并在学术成果与外交实践上硕果颇丰，能为中国周边外交实践起到智力支撑与献言建策的重要作用。第一，在周边外交研究的基础上，云南大学周边外交中心扎实稳固，发展迅速。该中心所依托的云南大学国际问题研究院在20世纪40年代起就开始了相关研究。进入21世纪初，在东南亚、南亚等领域的研究开始发展与成熟，并与国内外相关研究机构建立了良好的合作关系，同时自2010年起每年举办西南论坛会议成中国西南地区最高层次的学术性和政策性论坛。2014年申报成功的云南省高校新型智库"西南周边环境与周边外交"中心更在中央、省级相关周边外交决策中发挥重要作用。第二，在周边外交的研究定位上，云南大学周边外交研究中心有着鲜明的特色。该中心以东南亚、南亚为研究主体，以大湄公河次区域经济合作机制（GMS）、孟中印缅经济走廊（BCIM）和澜沧江－湄公河合作机制（LMC）等为重点研究方向，并具体围绕区域经济合作、区域安全合作、人文交流、南海问题、跨界民族、水资源合作、替代种植等重点领域进行深入研究并不断创新。第三，在周边外交的实际推动工作上，云南大学周边外交研究中心在服务决策、服务社会方面取得了初步成效。据了解，迄今为止该中心完成的多个应用性对策报告得到了相关部门的采纳和认可，起到了很好的资政服务作用。

云南大学周边外交研究中心推出的"周边外交研究丛书"系列与"云南大学周边外交研究中心智库报告"等系列丛书正是基于中国周边外交新形势以及自身多年在该领域学术研究与实践考察的深厚积淀之上。从周边外交理论研究方面来看，该两套丛书力求基于具体的区域范畴考察、细致的国别研究、详细的案例分析，来构建起一套有助于建设亚洲命运共同体、利益共同体的新型周边外交理论，并力求在澜沧江－湄公河合作机制、孟中印缅经济合作机制、水资源合作机制等方面有所突破与创新。从周边外交的具体案例研究来看，该套丛书结合地缘政治、地缘经济的实际情况以及实事求是的田野调查，以安全合作、经济合作、人文合作、环境合作、边界冲突等为议题，进行了细致的研究，客观独立的分析与思考。从对于国内外中国周边外交学术研究与对外实践外交工作的意义来看，该丛书不仅将为国内相关研究同仁提供借鉴，也将会在国际学界上起到交流作用。与此同时，该两套丛书也将为中国周边外交的实践工作的展开献言建策，提供智力支撑。

郑永年

2016 年 11 月

前　言

　　"走廊"（Corridor）作为一种空间经济集聚现象，在区域经济学和区域合作实践中，通常被定义为特定跨国区域范围内将生产、投资、贸易和基础设施建设等有机地联系为一体的经济合作机制。2013 年 5 月，在李克强总理访问印度之际，中印领导人提出建设孟中印缅经济走廊的倡议，得到了孟加拉国和缅甸领导人的积极响应。2015 年 3 月，国务院授权发布《推动共建丝绸之路经济带和 21 世纪海上丝绸之路的愿景与行动》，明确提出孟中印缅经济走廊是中国与"一带一路"沿线国家共同建设的六大经济走廊之一，进一步彰显了该走廊的战略重要性。

　　推进孟中印缅经济走廊建设，是党中央、国务院在新的历史时期，实行更加积极主动的开放战略，完善互利共赢、多元平衡、安全高效的开放型经济体系，促进中国与周边南亚、东南亚国家区域合作和命运共同体建设的一项重要战略部署，也是"丝绸之路经济带"和"21世纪海上丝绸之路"建设在西南方向的先导项目。由于面向南亚东南亚开放地缘人文优势的不可替代性以及长期以来积累的良好合作基础，云南是中国推进孟中印缅经济走廊建设的主体和前沿。同时，推进该经济走廊建设是云南融入"一带一路"战略，建设成为中国面向南亚东南亚辐射中心的重要任务和抓手，对云南服务国家战略、促进自身对外开放与经济社会跨越式发展均具有重大而深远的战略意义。

孟加拉国、中国、印度、缅甸四国毗邻地区是世界上交往最早、合作历史最长的地区之一，开展区域经济合作的区位和经济互补优势明显。早在20世纪90年代，云南学术界就提出了开展中印缅孟地区经济合作的构想，受到国家的高度重视和相关各国学术界的积极回应，为进一步深化合作奠定了坚实的基础。孟中印缅经济走廊建设提出至今已有三年，在中方的积极倡导和四国的共同努力下，逐步形成了"一轨主导，多轨并进"的合作机制，四国合作共识不断增多，经贸合作日益深化，在互联互通、能源、农业、旅游、人文等领域合作取得诸多重要进展。但同时我们也注意到孟中印缅经济走廊建设还存在着一系列障碍和问题，如政治互信不足、合作的制度化水平不高、模式选择和政策的不确定性、互联互通协调难度较大等。因此，在孟中印缅经济走廊已成为"一带一路"战略组成部分的新的历史条件下，我们有必要对孟中印缅经济走廊建设的基础条件和发展进程进行全面分析和总结，并提出解决问题的思路和方案。有鉴于此，本书作者在长期跟踪研究的基础上，对孟中印缅经济走廊建设的相关理论、实践与国际经验进行全面梳理和总结，提出具有参考意义的理论启示；对新形势下推进孟中印缅经济走廊建设的环境条件、平台机制、实施路径、合作领域、重点项目等问题进行专题研究，并就如何实现该经济走廊与"一带一路"建设及中国面向南亚东南亚辐射中心建设等相关战略的有效衔接和积极互动，提出具有前瞻性、指导性、针对性的工作思路和对策建议，为国家和省有关部门提供决策咨询，同时也为相关企业"走出去"参与孟中印缅经济走廊建设、开展贸易投资提供参考。

本书由五部分构成。第一部分"经济走廊建设的相关理论、实践与国际经验启示"，主要对次区域经济合作、增长三角、经济走廊和丝绸之路经济带的概念、相关理论以及国际经验进行梳理总结，探索其对孟中印缅经济走廊建设的合作平台构建和实施路径的理论启示；第二部分"孟中印缅经济走廊建设的基础条件与制度障碍分析"，在对孟中印缅经济走廊建设的基础条件和制度障碍进行分析的基础上，对如何把握推进经济走廊建设所面临的机遇和挑战进行了阐述；第三部分"建设孟中印缅经济走廊的意义、内涵与总体思路"，主要分析新形势下推进孟中印缅经济走廊建设的战略意义，提出经济走廊建设的基本内涵、指导方针、总体思路和战略定位；第四部分"孟中印缅经济走廊建设的合作平台与机制建设问题研究"，重点探讨如何构建相关国家、地区间的合作协调机制，以及各层次各行业间的合作平台、组织机构及运作方式；第五部分"孟中印缅经济走廊建设的实施路径与对策措施研究"则是在上述研究的基础上，提出新形势下推进孟中印缅经济走廊建设的具体实施路径，包括空间范畴、目标进度、主要合作领域、重点项目、早期收获等，并从国家层面和云南省层面提出推进该经济走廊建设的对策和建议。

目 录
C o n t e n t s

一 经济走廊建设的相关理论、实践与国际经验启示

经济走廊是中国与周边国家开展"一带一路"建设合作的重要载体，同时也是中国参与和融入区域、次区域经济合作的优先领域和重要依托。2015 年 3 月，国家发展改革委、外交部、商务部联合发布了《推动共建丝绸之路经济带和 21 世纪海上丝绸之路的愿景与行动》，明确提出"孟中印缅经济走廊与推进'一带一路'建设关联紧密，要进一步推动合作，取得更大进展"①。目前孟中印缅经济走廊建设面临着新的历史机遇，同时也存在着一系列障碍和问题，特别是相关合作平台与机制的缺乏已成为该走廊建设推进的瓶颈和短板，迫切需要寻求解决这些问题的方法和途径。本章系统梳理了增长三角、次区域经济合作、经济走廊、丝绸之路经济带等不同的区

---

① 《推动共建丝绸之路经济带和 21 世纪海上丝绸之路的愿景与行动》，人民出版社，2015，第 6 页。

域、次区域经济合作形式，从概念、内涵、理论特征和实践经验等不同维度厘清这些合作形式之间的发展脉络与因果联系，并在此基础上总结对经济走廊建设的相关启示。

（一）增长三角的概念与实践

1. 增长三角的概念与内涵

增长三角（Growth Triangle），又称"成长三角"，1989 年 12 月由时任新加坡副总理吴作栋率先倡议，旨在新加坡、马来西亚的柔佛州、印度尼西亚的廖内群岛之间的三角地带建立经济开发区的一种跨境区域经济合作机制。吴作栋将增长三角定义为：在政治形态、经济发展阶段不同的三个国家（地区）以上的相邻地带，强化生产要素及市场的互补关系，促进贸易、投资，以达到地区政治安定、经济发展的目的而设置的多国跨境经济合作地带。① 该定义强调增长三角是政策安排的结果，是从上至下的制度安排的产物。

1992 年，罗伯特·斯卡拉皮诺从冷战结束后的国际经济形势出发，提出了"自然的经济领土"这一概念。他列举了珠江三角洲—香港之间的经济合作以及新—柔—廖增长三角等

---

① 丁斗：《东亚地区的次区域经济合作》，北京大学出版社，2001，第 68 页。

事例，认为"自然的经济领土"就是指跨越政治疆界的自然的经济互补性。其中，"自然"并不意味着政府不介入，而是可以涵盖清除障碍以实现本来就已存在的经济互补性的政府行动。[①] 1992 年，T. G. MaGee 与 Scott Macleod 从"核心—边缘"的视角出发，通过对新—柔—廖增长三角案例的研究，提出了"扩大的都市地区"的概念，认为新加坡的周边地区——马来西亚的柔佛州和印度尼西亚的廖内群岛，可以通过与新加坡的经济合作而成为都市新加坡的扩大部分。[②] 可以看出，"扩大的都市地区"更强调增长三角的自发性，认为这一现象是一种"自下而上"的经济自然发展的产物。1993 年 2 月，亚洲开发银行（Asian Development Bank – ADB，简称亚行）和日本国际大学在亚行总部菲律宾首都马尼拉召开了"亚洲的增长三角"的国际研讨会。与会专家将罗伯特·斯卡拉皮诺、T. G. MaGee 和 Scott Macleod 等人对增长三角的理解和定义进行了合并，明确提出增长三角又被称为"自然的经济领土"或者"扩大的都市地区"，是包括三个或三个以上国家的、精心界定的、地理毗邻的跨国经济区，通过利用成员国之间生产要素禀赋的不同来

---

① Robert A. Scalapino, "The United States and Asia: Future Prospects", in *Foreign Affirs*, No. 5, Winter 1991 – 92.

② Scott Macleod and T. G. MaGee, *The Singapore_ Johore_ Riau Growth Triangle: An emerging extended metropolitan region*, in *Emerging World Cities in Pacific Asia*, edited by Fu – chen Lo and Yue – man Yeung, United Nations University Press, http: //www. unu. edu/unupress/unupbooks/uullee/uu11ee00. htm.

促进外向型的贸易和投资的一种经济合作机制。

中国社会科学院研究员陆建人认为，增长三角是指三个或几个地理上邻近的国家或地区，为实现资源互补和取得比较利益而共同进行合作的跨国经济区。① 而经济学家汤敏亦指出：成长三角是指由几个地理上比较接近的国家的部分地区组成的小范围的经济合作形式。它通过设区各国为这一地区提供的特殊政策，充分发挥经济上的互补性和地域上的便利，建立起以吸引外资、扩展对外贸易为主的外向型的，包括生产、贸易、旅游、科技、交通运输、能源环保、通信以及人力资源开发在内的综合性经济区。② 同时，经济学者余昺雕、李秀敏指出，要成为某种形式的增长三角，至少要具备地理上的邻近性、经济上的互补性、政府间相互协调的可能性等。③

总的来说，目前学界对于增长三角尚未形成一致的定义。一般认为，地域的邻近性是增长三角的基础，经济合作是增长三角的核心，政府行为是增长三角的保障，三个及其以上的国家共同参与是增长三角的题中之义。因此，可以将增长三角定义为：三个及其以上地理上相互毗邻的国家的部分地区组成的

① 陆建人：《"增长三角"——亚洲区域经济合作的新形式》，《亚太研究》1994 年第 1 期。

② 汤敏：《成长三角区在亚太地区的发展及对我国的启示》，《太平洋学报》1995 年第 2 期。

③ 余昺雕、李秀敏：《面向 21 世纪的东亚经济共同体前景分析》，《东北亚论坛》2000 年第 2 期。

小范围的经济合作形式。在增长三角的相关区域，各国为其经济发展合作提供特殊的政策支持，通过充分发挥经济上的互补性和地域上的便利性，建立起以吸引外资、扩展对外贸易为主的外向型的，包括生产、贸易、旅游、科技、交通运输、能源环保、通信以及人力资源开发在内的综合性经济区。

2. 增长三角的理论特征

（1）空间可达性是形成增长三角的重要前提

增长三角虽然是由相邻的区域组成的，但区域之间毕竟存在距离，因此要实现经济互补，这些区域之间必须具备克服空间距离的可能性，即具有空间可达性。空间可达性是指一个区域（国家、地区、城市、线状和点状基础设施）与其他有关区域（同样包括国家、地区、城市、线状和点状基础设施）进行物质、能量、人员交流的方便程度、便捷程度。空间可达性的高低（或大小），反映该区域与其他有关区域相接触，从而进行社会经济和技术交流的机会与潜力。其中，时间距离是空间可达性的主要指标，时间距离越短，则空间可达性就越强。对于增长三角来说，时间距离还包括通关时间，因此通关手续繁杂程度和通关设施水平的高低也是影响空间可达性的重要因素。

（2）经济互补性是增长三角取得发展的物质基础

增长三角并不是一个均质区域，而是一个异质区域，组成增长三角的各方之间要形成明确的区域分工，才能保证彼此密切联系，共同发展。而这种区域分工必须建立在较强的经济互补性的基础之上。一般来说，区域之间的经济互补性主要有两种类型：一是生产要素的互补性，即区域之间因土地、资本、技术和劳动力等生产要素禀赋的差异而可能形成的相互供求关系；二是产业的互补性，即区域之间因产业的差别而可能形成的产品和服务的供求关系。产业的互补性既存在于经济发展水平差异较大的区域之间，也存在于经济发展水平相近的区域之间。

（3）制度安排是增长三角持续发展的根本保障

增长三角形成的重要标志是商品与生产要素的跨国流动，因此在具备了较强的空间可达性和经济互补性的条件下，增长三角能否成为现实，主要取决于各国政府是否允许商品与生产要素在增长三角内的跨国流动及流动的自由程度。关税与非关税壁垒越少，越有利于增长三角内商品与生产要素的跨国流动，从而也更有利于增长三角的形成与发展。

3. 增长三角的实践经验

（1）"新—柔—廖"增长三角

"新—柔—廖"增长三角也称为东盟南部增长三角或新加坡—马来西亚—印度尼西亚增长三角。1989 年 12 月，时任新加坡副总理吴作栋倡议提出在新加坡、马来西亚的柔佛州以及印度尼西亚的廖内群岛这一三角地区形成一个经济技术合作区。在这一小区域内，三方经济将逐步实现一体化，联合起来各自发挥优势、弥补不足，求得共同发展。吴作栋总理将该经济合作倡议称为"增长三角"。"新—柔—廖"增长三角的概念一经提出，便很快得到了时任印度尼西亚总统苏哈托和时任马来西亚总理马哈蒂尔的赞同。自这一计划开始实施以来，该地区经济取得了高速增长，成为名副其实的"增长三角"。

有效的协调与合作机制是"新—柔—廖"增长三角形成发展的重要保障。1994年12月17日印度尼西亚、马来西亚和新加坡三国政府正式签署了《印度尼西亚—马来西亚—新加坡增长三角经济合作多边协议》，该协议对"新—柔—廖"增长三角的协调与合作机制做出了明确规定，政府部门在增长三角中的作用是支持、鼓励和促进合作项目的实施，并采取相应措施促进人员、信息、商品、服务和资本的自由流动。该协议同时还规定了部长会议、高官会议、工作组、工商会议和工商理事会等机构在增长三角中的地位和作用。[①]此外，不同层次的协调机构，应定期或不定期地举行会议，

---

① Chia Siow Yue, *The Indonesia - Malaysia - Singapore Growth Triangle*: *Outline of Presentation*, http：//www. info. gov. hk/cpu/english/papers/e - sychia. rtf.

制订相关政策并监督政策的实施，协商并解决合作中遇到的各种问题。①

在"新—柔—廖"增长三角中，新加坡通过对马来西亚的柔佛州以及印度尼西亚的廖内群岛大量的资金投入、技术转让并积极转移劳动密集型产业和资源密集型产业，获得了直接经济利益，同时还拓宽了原本狭小的经济活动空间，促进了产业结构升级，并扩大了它最稀缺的资源——水的使用范围。而印度尼西亚、马来西亚则获得了技术支持，也增加了就业机会，基础设施也得到改善，促进了本国的经济增长。如巴淡岛现已成为印度尼西亚的第三大旅游胜地，柔佛州也已开发成为马来西亚的一个新兴工业区。由此可见，增长三角的发展让三方相互取长补短，彼此受益，② 有力地推动该三角地区经济发展的同时，对东南亚地区的经济合作与发展也产生了重要影响。

但是不容忽视的是，新加坡与马来西亚、印度尼西亚两个邻国的关系长期以来复杂微妙，因此"新—柔—廖"增长三角在其发展的过程中也存在不足，其中主要体现在增长三角的利益蛋糕分配不平衡上。马来西亚和印度尼西亚的部分学者认

---

① 李秀敏、刘丽琴：《"增长三角"的形成发展机制探讨》，《世界地理研究》2003 年第 1 期。

② 舒昉、陈琳：《"增长三角"与西南对外开放》，《云南财贸学院学报》1994 年第 2 期。

为，新加坡在增长三角中处于轴心地位，支配着增长三角，从中所获得的利益也最大。而马来西亚和印度尼西亚在增长三角中处于从属和被动的地位，得益较少。"新—柔—廖"增长三角的合作是建立在不平等关系基础之上的。①此外，由于目前"新—柔—廖"增长三角主要是一种双边合作形式，还未出现多边合作或一体化的模型，三角三方（或多方）也尚未正式成立一个组织机构来负责这一构想的实施，因此，虽然新加坡和印度尼西亚之间的合作成果颇为引人注目，新加坡与马来西亚之间的合作亦在不断推进中，但印度尼西亚的廖内群岛和马来西亚的柔佛州之间的来往却很少，而且目前双方似乎也没有提出相关合作的意向。因此，有评论家认为：这是一条缺边的"三角"。

（2）东盟北部增长三角

东盟北部增长三角由泰国南部的普吉岛、马来西亚的北马四洲（即槟城、吉打、玻璃市和霹雳），以及印尼的苏门答腊岛的亚齐省组成。这里地处马六甲海峡的北端，故名"北三角"。东盟北部增长三角是东盟区域内另一个新兴的"增长三角"区，1993年泰国、印尼、马来西亚三国决定在马六甲海峡北端的三国沿海地带进行区域性经济合作。这项合作计划利

---

① 丁斗：《东亚地区的次区域经济合作》，第77页。

用马六甲海峡这个两大洋通道的优越条件，以及各参与方现有的比较优势吸引外资，发展外向型经济，增强国际竞争力。

东盟北部增长三角覆盖地区自然资源分布的差异性为经济合作提供了物质基础。例如，马来西亚土地资源稀缺，而印度尼西亚的苏门答腊岛北部的土地资源则较为丰富，这就为双方共同开发土地资源提供了可能性；泰国丰富的水果、蔬菜商品可在印尼和马来西亚找到市场，同时泰国自然保护区内富饶的森林资源又为其他两国的木材产业和相关工业的发展提供了充足的原材料；印尼北部苏门答腊岛上丰富的石油和天然气资源，不仅可以直接销售到泰国和马来西亚，同时也为区内工业发展提供了必不可少的能源保证；马来西亚北部地区，特别是槟城，虽然工业有了长足发展，但也出现了劳力短缺的问题；泰国和印尼充裕的劳动力资源正可以弥补这一短缺。

"北三角"计划提出后，得到了三国政府与民间的积极支持和参与，同时也做了大量的前期准备工作。1993年7月，马印泰三国召开首次部长级会议，决定成立两个委员会负责制定开发计划，初步确定在工业、农业和基础设施等领域进行合作。在交通运输方面，主要是将马来西亚的北海和印尼的苏门答腊地区用铁路和轮渡连接起来，并改进槟城港，开放联运系统。1994年7月，三国负责经济事务的官员和专家在菲律宾首都马尼拉聚会，审议"北部增长三角"发展计划，会议就亚洲开发银行提出的"北部增长三角"发展计划达成共识。

相关私营部门对参与开拓东盟北部增长三角这个疆土辽阔、人口达 2500 万的庞大市场也十分踊跃，并在该计划的推进中起了重要作用。1994 年 12 月，500 名工商界人士及三国政府高级官员出席了在马来西亚的槟城召开的印马泰北三角第四次会议。会议期间，三方达成许多决议，其中包括区域通信、电力供应、农业、渔业、贸易及投资工业园等诸多方面。会议还签署了 30 项谅解备忘录，其中私营部门占了 20 项，价值达 34 亿马元。① 过去所签署的商业备忘录也取得显著进展，一些得到落实，一些也进入可行性研究阶段。这一切标志着东盟北部增长三角发展计划已进入快速发展阶段。

（3）东盟东部增长三角

1992 年 10 月，时任菲律宾总统拉莫斯同文莱苏丹讨论时，首次提出要建立一个东盟东部增长区（The East ASEAN Growth Area，EAGA）。② 1993 年 1 月，拉莫斯总统在出访马来西亚时又同时与马来西亚总理马哈蒂尔讨论建立东盟东部增长区；同年 9 月，拉莫斯总统访问印度尼西亚，时任印度尼西亚总统苏哈托也同意建立东盟东部增长区；同年 10 月，在新加坡召开的东盟经济部长会议上，各与会人员再次讨论建立 EA-

---

① 余文：《东盟的"增长三角"区》，《南洋问题研究》1995 年第 2 期。
② 丁斗：《东亚地区的次区域经济合作》，第 69 ~ 75 页。

GA 的可行性；一个月后，文莱正式同意参与东盟东部增长区。1994 年 3 月，文莱、印尼、马来西亚和菲律宾四国在菲律宾达沃召开经济部长会议，并签署备忘录，正式宣布东盟东部增长区建立，又称"文—印—马—菲增长区"（Brunei – Indonesia – Malaysia – Philippines Growth Area，BIMP – EAGA）。成立后的东盟东部增长区包括文莱，印度尼西亚的北苏拉威西省、东西加里曼丹两省，马来西亚的沙巴州、沙捞越州，以及菲律宾的棉兰老岛、巴拉望岛等区域，总人口约 4500 万人，总面积约 156 万平方公里，是东盟区域内最大的、也是最年轻的次区域经济合作区。①

除文莱以外，组成东盟东部增长区的其他几个区域都有一些共同特点：他们都远离发达繁华的都市，属于经济欠发达地区，但自然资源丰富，且各国政府都是为了解决本国经济发展不平衡而进行的合作。因此，成立之初的东盟东部增长区就明确了发展目标，即要加速经济发展、提高出口竞争力、增强对当地资本和外资的吸引力，最终促进增长区的贸易、投资和旅游业的大发展。1994 年在东盟东部增长区成立会议上，四国经济部长一致同意要加强区内贸易、投资、旅游、种植业、渔业、能源、交通运输、通信以及工业基础设施等方面的合作。东盟

① EAGA, The goal of EAGA is to increase trade, investment and tourism in the region, http://www.eaga.org.bn/eaga/goal.htm, 2005 – 01 – 10.

东部增长区的建立也得到了亚洲开发银行的大力支持。在东盟东部增长区成立的同年 4 月，亚洲开发银行就表示要对增长区的人力资源开发、农业和渔业发展、运输和通信业发展、能源和电力等四个研究项目提供资助。①

东盟东部增长区以市场为先导，鼓励私人部门广泛参与。私人部门被认为是区域发展的主要推动力，政府的作用就是要为私人部门活动提供指导：一为私人部门创造一个良好的经济发展环境，协调好各种政策，帮助建立有效的投资机制；增加物质基础设施，为次区域同东盟区域乃至世界市场的联系提供渠道支持；增加商业基础设施，如提供金融、信息、企业家培训等服务。二是通过制定优惠政策直接鼓励跨境私人部门之间的贸易和投资发展。为此，在 1994 年东盟东部增长区成立的同时，文印马菲四国也成立了专门为私人部门服务的东东盟商务理事会（East ASEAN Business Council，EABC）。东东盟商务理事会是一个专门服务于私营部门的官方机构，主要对各种私人部门提出的各种项目进行论证并指导实施。

东盟东部增长区合作机制灵活，各成员国之间的主要协商机制就是高官会议和部长会议，这两个会议为东盟东部增长区的发展指明方向并制定指导原则。2003 年 9 月在菲律宾达沃

---

① 李皖南：《东盟东增长区的发展与引资成效》，《东南亚研究》2007 年第 3 期。

举行的第 11 次东盟东部增长区高官会议和部长会议上，各国部长同意重组各领域的各种工作组，将以前的 13 个工作组合并为 11 个，并在各国间进行了具体的分工。①

东盟东部增长区成立以来，该增长三角取得了一定的经济发展。但由于东盟东部增长区的参与方大都是远离本国经济中心的落后地区（文莱除外），有的还未开发，经济发展水平较低，要素互补性差，而且政府间经济合作进展较慢，对生产要素在各区域间流动性的调节效果也不甚理想，所以导致东盟东部增长区在引资规模和投资来源地的广泛性等方面都不如"新—柔—廖"增长三角和东盟北部增长三角。

（二） 次区域经济合作的概念与实践

1. 次区域经济合作的概念与内涵

随着经济合作程度的推进和发展水平的提高，增长三角不再局限于三个国家合作，也不再局限于地理形状呈现三角形的区域之间的合作。因此，这种区域合作方式的名称也被"次区域经济合作"所替代。1993 年 2 月，针对不断发展的区域经济合作现状，亚洲开发银行率先提出"次区域经济合

---

① Mindanao Economic Development Council, *Growth Area Concept*, http://www. medco. gov. ph/medcoweb/bimp - growtharea. asp, 2005 - 01 - 10.

作"（Subregional Economic Cooperation）概念。①亚洲开发银行认为"次区域经济合作"是升级版的"增长三角"，因此次区域经济合作的定义也与"增长三角"的定义相似。

"次区域"是理解"次区域经济合作"的核心内容。作为"区域"的一个相对概念，"次区域"在区位理论中早有论述，但对它的系统而综合性的研究则始于 20 世纪 60 年代，发展于 20 世纪 80 年代。一方面，受欧洲经济一体化和北美自由贸易区的影响，业界普遍认为边界效应和次区域合作本身就是一种空间现象，应由经济地理学家承担起责任。另一方面，新经济地理学、行为经济学等社会科学的发展，也为经济地理学在这一领域的研究提供了理论借鉴，使其系统而综合性的研究成为可能。所谓"次区域"，又称"亚区域"，是指相对于宏观的洲际区域而言，涉及多个国家地区，因地理、政治、经济、文化或其他原因而联结起来并被一致认可的较小地区。就其涵盖的地域范围来看，当今国际上的次区域主要有两种组成形式：一种是由多个或一个国家和地区组成的次区域，又称"国家与地区混合结构的次区域"；另一种是由多个地区组成的次区域，又称"纯地区结构的次区域"。前者是指参与主体中既有国家又有其他国家的一个

---

① 张文镖:《"次区域经济合作"相关概念的辨析》,《郑州师范教育》2013 年第 6 期。

或几个地区，其对内对外的协定和政策是由国家和地区两个不同层次的合作方共同完成的；后者是指由不同国家的几个地区组成的区域合作体，其对内对外的协定和政策由内部组成的地区之间共同完成。① "次区域经济合作"主要以经济联合为发展形式，即一个大的地区内如亚太地区、欧洲、非洲等一些地理上邻近的国家或邻近国家的部分地区开展的多边经济合作。

上海社科院夏禹龙认为，"次区域经济合作系指在一个大的地区内（如亚太地区、欧洲、非洲等）一些地理上邻近的国家或邻近国家的部分地区所进行的多边经济合作"②。他们还认为，次区域经济合作是有层次性的，较大的层次如日本海经济圈、黄海经济圈和东盟自由贸易区等，次一级的层次包括各种增长三角等。庞效民则把经济一体化分为全球地域范围的世界经济一体化、区域范围的经济一体化以及相邻国家边界两侧边境地区的次区域地域范围的一体化三个层次进行分析总结，认为"次区域"是相对于"区域"而言的，如果将"区域经济一体化"合作的基本单位看作国家的话，则"次区域经济一体化"合作的基本单位是一国的

---

① 杨爱平、吕志奎：《大湄公河"次区域"政府合作：背景与特色》，《中国行政管理》2007 年第 8 期。

② 夏禹龙、周建明：《亚太地区经济合作与中国亚太经济战略》，上海人民出版社，1996，第 28 页。

一部分地区。[①] 也就是说，这种经济合作是不同国家的地理相邻的一部分地区间的经济合作。魏燕慎等则认为，目前亚太地区的次区域经济合作基本可以分为两种类型，一类是较大范围内邻近国家地区间的经济合作，如东盟自由贸易区、北美自由贸易区等；另一类则是较小范围内邻近国家或地区间的合作，即通常所称的"增长三角"。[②] 丁斗认为东亚地区的次区域经济合作具有特定的概念内涵，它是指小范围的、被认可为一个单独区域的跨国界或跨境的多边经济合作。[③] 李铁立从经济地理学的角度，认为次区域经济合作是二战以后伴随经济全球化和区域经济一体化而广泛出现的一种区域经济合作现象。它通常指不同国家边界两侧、地理相邻的一部分地区间的跨国界和跨境的经济合作。[④] 朱显平等认为次区域经济合作是指地理上相邻国家间的部分地区（一般即为各国边境地区）为实现本区域的经济发展而相互联合起来，共同促进跨国次区域内经济和社会的共同发展。具体而言，即以实现边境区域由安全防御功能为主向经济功能为主转化，以跨国次

[①] 庞效民：《区域一体化的理论概念及其发展》，《地理科学进展》1997 年第 2 期。

[②] 魏燕慎主编《亚洲增长三角经济合作区研究》，中国物价出版社，1998，第 3 ~ 4 页。

[③] 丁斗：《东亚地区的次区域经济合作》，第 4 ~ 5、20 ~ 21 页。

[④] 李铁立：《边界效应与跨边界次区域经济合作研究》，中国金融出版社，2005，第 7 页。

区域范围内的经济集聚和加速边境城市的发展为目标。①

总的来说，次区域经济合作是一个相对于区域经济合作的概念，是指三个或三个以上地理上相近或相邻的国家或国家的跨国界部分地区（一般为各国边境地区）为实现本区域经济发展而相互联合，以跨国界的地方经济为主体，通过自然人或法人将生产领域内各种生产要素进行有效配置和提高生产效率，从而实现区域内产业、贸易和投资等领域的相互经济协作，促进区域内经济和社会的共同发展。就经济性质而言，跨国次区域经济合作（以下简称次区域合作）属于区域经济一体化的范畴，其出现的原因、动力和机制等与传统的区域经济合作有许多相同或是相似之处，但也存在着诸多的不同之处。

2. 次区域经济合作的相关理论

（1）边界屏蔽效应

边界效应是指边界对跨边界经济行为的影响，这种影响是与边界特有的政治、经济、文化、社会属性联系在一起的。②

---

① 朱显平、姜永铭：《论跨国次区域经济合作的性质》，《延边大学学报》（社会科学版）2008 年第 2 期。

② 李铁立、姜怀宇：《次区域经济合作机制研究：一个边界效应的分析框架》，《东北亚论坛》2005 年第 3 期。

瑞士区域经济学家 R. Ratti 认为边界是主权国家领土的分界线，具有法律、控制和财政功能。边界分割了两个经济系统，延长了经济行为体互动的空间和时间距离，为跨边界经济合作带来困难。[1] 瑞士经济学家安德森和多德从边界本质的角度来研究其对跨边界经济合作的影响，认为边界本质上具有复杂性。这来自边界固有的政治、文化和经济内涵。[2] 由于跨边界经济合作是一个社会经济现象，所以边界的这些属性总是交织在一起共同作用于经济行为体。边界对次区域经济合作的影响可以归纳为两个方面：一方面，它是两个经济地域系统的分界线，边界是国家对外经济贸易政策的集中体现，例如，出于保护民族工业和国内市场而设置的关税和非关税贸易壁垒以及边界两侧基础设施的不配套，海关规制的不同，语言、文化的差异，加之信息传输的障碍，使其限制了跨边界生产要素、商品、服务和资本的自由流动，阻碍了国家间的经济联系，降低了资源配置和市场利用的效率；另一方面，次区域经济合作的参与方均为边界两侧较小地理空间的区域，边界不但是经济地

---

[1]　R. Ratti, "Spatial and Economic Effects of Frontiers: Overview of Traditional and New Approaches and Theories of Border Area Development", Ratti and Reichman. *Theory and Practice of Transborder Cooperation*, Verlag Hebing & Lichtenhahn, Basel andFrankfurtMain, 1993, pp. 23 – 54.

[2]　Anderson. J and L. O'Dowd, "Borders, Border Regions and Territorially: Contradictory Meanings, Changing Significance", *Regional Studies*, 1999, pp. 593 – 604.

域的分界线，在当前经济全球化和区域经济集团化的背景下，它也是国家间经济交往的接触面，有着更多由边界所带来的经济合作的机会，这一切使边界两侧区域经济交往具有天然优势。

边界效应又分为"边界屏蔽效应"和"边界中介效应"。边界屏蔽即边界对跨境经济合作等的阻碍作用。边境地区由国家边界划分而产生，具有内部控制和防御外部威胁的功能，这意味着由于治理结构、文化、语言和种族产生的跨领土的一致性，在边境地区突然被中断；要素与商品的流动和市场网络在边境地区也被阻隔，于是沿边境地带变成地理上的边缘区。[①]次区域经济合作的实质是边界两侧经济行为体在互动中提高资源配置效率，使参与方经济福利增长。但由于边界屏蔽效应的存在，这种合作的先期成本大大高于边境区与国内其他区域经济合作的成本投入。

制度经济学认为，信息的缺乏以及不安全感、不信任感的存在将提高经济交往中的交易成本。从边界屏蔽效应来看，跨边界信息的传递往往比一国内要困难得多，它阻碍了边界一侧经济行为体对另一侧信息的获得，增加了信息的不完善性和不对称性。通常情况下，经济交往中主体的数量越多，不确定性

---

① 〔英〕彼得·罗布森：《国际一体化经济学》，戴炳然等译，上海译文出版社，2004，第279页。

和信息的不完全性就越严重，交易的障碍和交易成本就越高。这也是为什么在次区域经济合作中，参与的国家越多、涉及的边界数量越多，合作的难度越大的原因之一。涉及边界提高交易成本并引起屏蔽效应的另外一个因素是国家边界，因为国家边界往往是不同语言、历史、文化、风俗、习惯的分隔线。此外，边界的存在也使经济交往过程中执行契约的成本大大提高。边界的屏蔽效应增加了次区域经济合作的交易成本，使跨边界经济交往的频率明显降低。

边界的"中介效应"是指它具有彼此接触和交流的空间中介功能。它通常是两国经济、社会、文化等交流的中介面，是两国接触和交往最频繁的地带。首先，边界两侧山水相连，从自然地域的角度来看往往是一个整体，具有自然地理上的相似性和连续性，并同属一个自然地理单元，具有经济合作的便利条件和彼此的天然开放性。自然地理的连续性往往使跨境而居的民族在语言、文字、文化习俗上具有很大的相似性，这无疑可以大大降低经济合作的交易成本。其次，经济事物相互作用理论认为，区域间相互作用的强度在空间距离和经济互补性上存在一定的规律性。在空间上表现为：随着空间距离的增大，相互作用的强度变小，即具有距离衰减规律。而相邻区域间由于具有地理邻近性，彼此之间作用的强度往往较大。经济互补性规律则表现为：资源要素禀赋差异较大、经济发展水平差异较大的区域间相互联系的频率越高，即区域间相互作用的强度随着区域间资源要素、经济发展水平的梯度增大而增强。由此可见，次区域经济合作参与方的地理邻近性使它们相互作用的强度较大，彼此间具有经济合作的基础。此外，在资源要素、经济发展水平上，它们往往具有梯度差异，具有经济上的互补性。最后，边界地区往往是两国联系的重要口岸，两国经济、社会、文化联系通常要通过边界地区进行交流。在当前各国经济文化联系日益紧密的情况下，对边境地区的过境需求较以往明显增大，而过境需求的增大为边界地区的经济发展带来空前活跃的要素流动，这将促进次区域经济合作的发展。当然，过境需求主要来自边界口岸的腹地区域，因此边界区腹地范围的大小、边境口岸与腹地经济联系的强度及其经济发展水平对边界口岸的过境需求的影响巨大。①

边界对次区域经济合作的屏蔽效应和中介效应总是同时存在的。次区域经济合作的发展状况依赖于屏蔽效应和中介效应的作用强度：当屏蔽效应居主导地位时，次区域经济合作难度较大，当中介效应居主导时，则有利于次区域经济合作的开展。总的来看，国家资源的相对稀缺性和经济行为体对外部市场拓展的愿望使各国边界有由屏蔽效应向中介效应转变的趋势，这将促进次区域经济合作的开展。

---

① 李铁立、姜怀宇：《次区域经济合作机制研究：一个边界效应的分析框架》，《东北亚论坛》2005 年第 3 期。

（2）制度创新效应

次区域经济合作是从增长三角逐渐发展演变的一次经济制度创新。主流经济学认为，经济发展至少需要四种要素：劳动力、资本、技术和制度。某种意义上，制度要素（如经济组织方式）界定了劳动力、资本和技术等生产要素的配置方式，因而制度本身就是生产率变化和经济增长与否的一个方面。制度经济学代表人物道格拉斯·诺思指出，有效的经济组织是经济成长的关键。[①] 制度环境是指国际政治经济形势、成员方的政治体制、经济发展水平、贸易政策、人文地理等，是各国参与次区域经济合作的主要考虑因素。在一个良好的制度环境下，成员方的合作愿望明显增强，反之，则成员方的合作愿望减弱，而合作愿望不足则不能形成次区域经济合作。[②] 因此制度环境的改善将使成员方合作行为意识加强，从而次区域经济合作得以逐渐建立。此外，要维持次区域经济合作的持续健康发展，还需要不断减小合作方的交易成本。合理的合作形式和制度安排可以有效降低合作的交易成本，促进次区域经济合作的顺利展开。

[①] 〔美〕道格拉斯·C.诺思：《制度、制度变迁与经济绩效》，杭行译，上海人民出版社，2008，第5页。

[②] 胡志丁：《次区域合作与边界效应及边界效应调控研究》，人民出版社，2014，第92~93页。

次区域经济合作作为一种制度安排，具有政治功能和经济功能。政治互信与边界安全等是经济合作的重要前提。同时，通过次区域经济合作产生的共同利益也是次区域各国加强政治互信、巩固边界安全的重要举措。次区域经济合作制度框架的安排，使得其成员（主要指参与合作的该国边疆地区）获得一些在该制度框架之外不可能获得的利益。参与次区域经济合作的各主体主要是相关各国远离本国经济中心的落后地区。这些地区积极参与次区域经济合作的制度安排，是一种成本较小、受益较大的理性行为。① 一般而言，参与次区域经济合作的各国（地区）在社会制度、经济发展水平、文化意识形态、宗教信仰、民族特征等方面都普遍存在差异。参与次区域经济合作必然需要进行一定的制度创新，在合理保护各国利益关切点的同时，尽可能地创造共同利益。此外，经济合作实质上也是一种交易行为。合作双方往往通过对受益的评价而做出是否合作以及以何种方式合作的理性选择。

总的来说，语言、历史、文化、习惯以及经济合作的社会规则和经济制度等在很大程度上决定了次区域经济合作参与方对该经济合作"利益获得"和"利益损害"的判断，并进而决定参与方之间交易费用的高低。经济利益和政治互信对于次

---

① 丁斗：《东亚地区的次区域经济合作》，第 4～5、143～147 页。

区域经济合作的顺利展开有着重要意义。

3. 次区域经济合作的实践经验

（1）图们江次区域经济合作

1992 年，联合国开发计划署（The United Nations Development Programme，UNDP）率先提出开发图们江流域的倡议，计划在 20 年内筹资 300 亿美元，在图们江流域建设一个具有全球水平的集港口、机场、铁路为一体的交通枢纽及商贸和金融中心。1995 年，在联合国开发计划署秘书处的协调下，中国、俄罗斯、朝鲜三国签署了《关于建立图们江地区开发协调委员会的协定》。此后，中、俄、朝、蒙古、韩五国相继签署了《关于建立图们江经济开发区及东北亚环境准则谅解备忘录》和《关于建立图们江经济开发区及东北亚协调委员会的协定》。2005 年 5 月，联合国开发计划署召开协调委员会，中、俄、朝、蒙古、韩五国正式将图们江地区开发确认为"大图们江区域合作"。经过 20 多年的合作开发，图们江次区域经济社会发展取得了很大成就，成为东北亚区域重要的经济增长极和中国东北地区国际合作发展的窗口。

合作机制的不断建立完善是图们江次区域经济合作取得积极进展的重要原因。1995 年，中国、俄罗斯、朝鲜三国政府代表拟签了《关于建立图们江地区开发协调委员会的协定》。同年 12 月，中国、俄罗斯、朝鲜、韩国、蒙古五国政府代表正式签署了《关于建立东北亚和图们江经济开发区协调委员会的协定》和《关于东北亚和图们江经济开发区环境准则谅解备忘录》，并建立了"三国委员会"①和"五国委员会"，为图们江次区域国际经济合作提供了指导性的制度框架。同时，联合国开发计划署在北京设立了图们江区域开发项目秘书处，主要负责各参与国的总体协调工作。2005 年，在联合国开发计划署组织召开的第八次图们江地区国际合作项目政府间会议上，中、俄、朝、蒙古、韩五国一致同意将 1995 年签署的两个协定和一个备忘录再延长 10 年（至 2015 年），并共同签署了"大图们江行动计划"，将"图们江区域开发"更名为"大图们倡议"，即东北亚地区的政府间合作机制。2014 年，在吉林省延边朝鲜族自治州召开的第十五届"大图们倡议"部长级会议上，批准通过了一系列法律过渡方案，决定尽快商签相关法律文件，以便完成"大图们倡议"。参会各方一致同意在 2016 年之前将图们江次区域经济合作升级为独立的政府间国际组织。这一历史性转变，将为图们江合作开发提供坚实的组织保障，推动图们江合作开发向着"互利

---

① "三国委员会"的合作方分别是中国、俄罗斯、朝鲜。

共赢""多国合作"的目标加速迈进。①

但图们江次区域经济合作也存在着诸多不足之处。首先东北亚地区复杂的政治经济形势阻碍合作开发展开。当前东北亚地区国际局势极其复杂和敏感，朝鲜核问题以及中日、日韩、日俄、韩朝等双边关系的结构性矛盾，使得该区域各国协商的主要议题是区域安全，而经济合作却无法排入主要议程。朝鲜半岛的分裂和朝鲜的未开放状态，形成了阻挡我国与东北亚区域相连的屏障。朝鲜的未开放状态不仅是我国与东北亚区域相连的屏障，也是我国与朝鲜诸多交流的阻力。与朝鲜接壤的我国的辽宁省和吉林省两省因无法提高其区位价值而陷入经济的边缘化状态。没有区位价值便不可能引发投资竞争，也就不可能建立所谓现代化的产业结构，这是东北三省所面临的重大的课题。其次，开发资金短缺。图们江地区多年以来一直是政治敏感地区，国家投入少，基础设施较差，综合实力弱，参与国际合作开发所需的巨额资金也难以筹措。即使是已签订投资意向的项目，还涉及资金能否落实以及投资如何回报等问题。由于朝鲜是一个封闭的非市场经济国家，其国内法律制度环境并不完善，加之政策多变，因此无法确保投资安全、如期地获得回报。此外，美国

---

① 《依托图们江新机制推动长吉图战略实施》，《吉林日报》2014 年 10 月 21 日，http：//jlrbszb. chinajilin. com. cn/html/2014 - 10/21/content_ 138612. htm？ div = - 1。

与朝鲜之间目前仍处于敌对状态下，因此，各参与方与朝鲜方签订的投资合同书能否真正获得落实并产生收益仍难以确定。再次，参与主体制约了发展速度。1995 年"两个协定"和"一个备忘录"签署后，成员国中除中方从国家至地方各个层面都建立了完整的组织体系和具有明显优势的政策支撑体系外，其他各方都未能有效地研究制定参与图们江地区开发的区域政策，也未形成完善的体制、政策、市场和法律环境，相应的组织实体与运转机构也尚未建立，中央与地方政策体系对接也不完善。各成员国间尚未形成以国家为主体参与的政府间合作组织。推进图们江地区开发的主体更多是以地方政府、民间组织和企业为主。国家主体的缺失，致使双边和多边合作的法律环境、政策环境和市场环境不尽配套，在有关通关、通道和贸易条件改善等方面，地方政府层面的推动受到很大的限制，难以取得突破性进展，制约了双边和多边投资、贸易、旅游及跨境运输便利化，致使合作项目实施相对滞缓。复次，口岸软硬件设施建设滞后。目前，中方口岸的硬件设施得到了较大改善，但在软环境建设方面仍存有缺陷，尚需进一步改善。朝鲜方面，口岸基础设施落后，从中朝边境口岸至罗津港的公路大多为沙石路面，有些路段甚至只有路基，通行困难。俄罗斯方面，通关时口岸通而不畅、通而不活等问题没有得到根本解决。同时，俄方口岸还存在着查验手续繁杂、出入境通道不足、灰色通关现象严重、工作效率不高等问题。口岸基础设施及通关方面存在的问题严重影响着图们江地区国际合作开发的深入发展。最后，复杂的周边环境。图们江区域地处中、朝、俄三国边远地区，该区域在冷战期间多为军事区，区域内人口少，经济发展落后。朝鲜仍实行计划经济体制，尚未推行全面的对外开放，仅有的几个对外经济合作区也因国内政策多变等因素的影响而进展缓慢，这严重影响了区内经济合作的开展。朝鲜核问题至今仍未得到解决，朝鲜与美、日、韩三国在朝核问题解决进程中的博弈时常导致半岛局势紧张，这对图们江区域的多国合作也有直接的影响。[①] 上述问题的长期存在，制约了图们江次区域经济合作的有效展开，致使该次区域经济合作在贸易便利、产业规划、互联互通等方面，依然存在着许多现实难题。

（2）大湄公河次区域经济合作

大湄公河次区域经济合作（The Greater Mekong Subregion Cooperation，GMS）于 1992 年由亚洲开发银行（ADB）发起，涉及澜沧江—湄公河流域的六个国家，即中国、缅甸、老挝、泰国、柬埔寨和越南，旨在加强次区域国家的联系（Connectivity），提高次区域的竞争力（Competitiveness），建设共同繁

---

① 吴可亮：《大图们江次区域合作：意义、特征与问题》，《经济视角（下）》2011 年第 12 期。

荣的大家庭（Community），推动本地区经济和社会发展。大湄公河次区域经济合作建立在平等、互信、互利的基础上，是一个发展中国家互利合作、联合自强的机制，也是一个通过加强经济联系，促进次区域经济社会发展的务实的机制。大湄公河次区域经济合作启动以来，在相关国家和国际组织的共同努力下，经过 20 余年的发展，现已形成了领导人会议、部长级会议和各领域务实合作的多层次合作机制，合作领域涵盖交通、能源、农业、旅游、信息通信、环境、人力资源开发、经济走廊建设等领域，合作项目超过 260 个，金额约为 170 亿美元。[①] 在促进区域经济一体化、推进地区经济社会发展和提高次区域国际竞争力等方面取得了令世人瞩目的进展和成效。大湄公河次区域经济合作在建设过程中积累了大量宝贵的实践经验，可以总结为以下几点。

第一，以交通走廊建设为先导，全面加强次区域范围内基础设施建设。自 1992 年大湄公河次区域经济合作机制发起以来，交通基础设施建设一直受到次区域各国的高度重视，成为各国开展合作的优先领域。1998 年 10 月通过的《第八届大湄公河次区域部长联合声明》[②] 明确将交通走廊建设定位为大湄公

---

① 徐惠喜：《深挖大湄公河次区域合作潜力》，《经济日报》2014 年 12 月 21 日。

② "8th Ministerial Conference on GMS Subregional Cooperation", in *Asean - China Free Trade Area*，http：//asean - cn. org/Item/606. aspx.

河次区域经济走廊"三步走"战略①中的第一步。2002 年 11 月
大湄公河次区域经济走廊首次领导人会议通过的《GMS 经济合作
十年（2002 - 2012）战略框架》强调了大湄公河次区域经济合作
应注重基础设施的"连通性"，②并将南北、东西和南部三个方向
经济走廊建设指定为 GMS 经济合作的旗舰项目。2011 年 12 月，
大湄公河次区域经济走廊第四次领导人会议批准了《GMS 经济合
作新十年（2012 - 2022）战略框架》。新战略框架将"继续加强公
路、铁路等交通基础设施互联互通"列为次区域未来 10 年的八大
优先合作领域之一。此外，历届《领导人宣言》也都对次区域范
围内以交通走廊为先导的基础设施建设予以强调。根据大湄公河
次区域交通运输网络的总体布局，大湄公河次区域经济走廊主要
由东西、南北和南部三大经济走廊构成。③截至 2012 年 9 月，次
区域六国已累计投入近 150 亿美元用于三大经济走廊沿线地区
道路、机场、铁路、通信、电力等项目建设，④有力地推动了

---

① GMS 经济走廊的发展分为三个阶段：交通走廊建设阶段、物流走廊建设阶
　段、经济走廊建设阶段。

② 《GMS 经济合作未来十年战略框架》，德宏州商务局口岸科，http: //
　yunnan. mofcom. gov. cn/aarticle/sjdixiansw/200806/20080605578204. html。

③ GMS 各国后来又相继提出了西部走廊（Western Corridor）、东北部走廊
　（Northeastern Corridor）、中部走廊（Central Corridor）、东部走廊（Eastern
　Corridor）等构想，作为东西、南北、南部三大 GMS 经济走廊的衔接或补充。

④ "Infrastructure Development in the Greater Mekong Subregion", in *Asian Devel-
　opment Bank*, http: //www. adb. org/news/infographics/infrastructure - develop-
　ment - greater - mekong - subregion.

次区域内交通等基础设施的改善。目前，大湄公河次区域范围内公路、铁路、水运、航空等交通基础设施建设已基本实现互联互通，信息高速公路、跨境电力交易网络等领域的基础设施建设也不断取得实质性进展，为大湄公河次区域经济合作和一体化进程创造了有利条件。

第二，以实施跨境运输便利化协定为重点，不断提高大湄公河次区域的"软联通"水平。大湄公河次区域经济合作机制正式提出以后，次区域各国日益认识到构建一个次区域内便利货物和人员跨境流动的多边协定，促进各国之间的"软联通"对于经济走廊建设的重要性。1996 年，亚洲开发银行为中、缅、柬、老、泰、越等六个湄公河国家提供了一项技术援助，旨在界定和评估各种影响次区域各国间贸易和人员流动的障碍和壁垒。① 1999 年 11 月，泰国、老挝、越南三国率先签署了《大湄公河次区域便利货物及人员跨境运输协定》（简称《便运协定》或 CBTA）②。2001 年 11 月、2002 年 11 月和 2003 年 9 月，柬埔寨、中国、缅甸相继宣布加入该协定。2007 年 3

---

① "Facilitation of The Cross – border Transport of Goods and People in The Greater Mekong Subregion", http：//siteresources. worldbank. org/INTRANETTRADE/Resources/WBI – Training/288464 – 1102456568229/SilvioCattonar_ Nov4_ S8 – slim – Notes. pdf.

② 《大湄公河次区域便利货物及人员跨境运输协定》主要包括跨境手续、道路标志、运输价格、海关检查、车辆管理等涉及交通运输领域的便利化措施。

月，经过近四年的协商和谈判，大湄公河次区域六国最终签署了《便运协定》17 个技术附件和 3 个议定书，为大湄公河次区域经济合作通关便利化建设进入实质性实施奠定了法律基础。① 2009 年 6 月，泰国、老挝、越南率先启动实施过境运输便利化协定。2013 年 11 月，大湄公河次区域国家便利运输联合委员会第四次会议在缅甸首都内比都举行，会议通过了《联委会未来三年（2013 - 2016）运输和贸易便利化蓝图规划》②，支持次区域各国下一阶段《便运协定》的实施。目前，大湄公河次区域各国已分别成立了国家便利运输委员会，负责协调运输、海关、检疫和边防四个分委会的工作。③ 同时，次区域六国还制定了《便运协定》的《国家行动计划》，推动《便运协定》的全面有效实施。大湄公河次区域经济合作以通关便利化为代表的"软联通"工作取得了实质性成果，有力地促进了次区域范围内人员和货物的便捷流动，提升了大湄公河次区域各国跨境交通、贸易、投资、旅游等领域的合作水平。

---

① 《大湄公河次区域便利运输协定进入逐步实施阶段》，新华网，http://www.yn.xinhuanet.com/newscenter/2007 - 07/16/content_ 10581042.htm。

② 《大湄公河次区域联委会第四次会议提出：推动便运协定双边或三边合作》，中华人民共和国交通运输部，http://www.moc.gov.cn/zhuzhan/jiaotongxinwen/xinwenredian/201311xinwen/201311/t20131122_ 1516893.html。

③ 《六国精诚合作推进交通便利化》，《中国交通报》，http://www.zgjtb.com/content/2010 - 06/18/content_ 163884.htm。

第三，以"6－X"合作机制为抓手，灵活推进大湄公河次区域早期收获建设。大湄公河次区域各国在开展合作的过程中，逐渐形成了一种独具特色的合作机制。根据该机制的运行特点，可以将其归纳命名为"6－X"合作机制。"6－X"合作机制的原型是东盟的"N－X"合作机制，它是"东盟方式"（The ASEAN Way）的重要内容。其中，"N"代表理论上所有参加合作的行为体的总数，"X"代表在实际合作过程中对特定阶段、领域或项目等缺乏合作意愿的行为体的个数。"N－X"为除去合作意愿不强的行为体后，真正参与某项合作的行为体数，"N－X"之后的数量应确保为两个及其以上。具体到大湄公河次区域经济合作，"6－X"合作机制是指参与大湄公河次区域经济合作的中、缅、柬、老、泰、越等六国在特定时期或阶段，根据地缘经济、政治互信水平以及经济走廊"三纵两横"① 的线路与走向分布等因素灵活选择合作伙伴，形成最少有两个国家、最多有六个国家交错参与的网状合作机制。湄公河国家中，越南、老挝、泰国、缅甸、柬埔寨等五国参与了东西经济走廊建设，相应地形成了"6－1"的合作机制。参与南北经济走廊建设的国家根据西线、中线和东线的不同走向，分别形成了"中国—老挝—泰国""中国—越南"，即"6－3"和"6－4"

---

① 三纵两横："三纵"主要指呈纵向分布的南北经济走廊，"两横"主要指呈横向分布的东西经济走廊和南部经济走廊。

的合作机制。此外，在 GMS 经济合作的过程中，还发展形成了中老缅泰"黄金四角"，中越"两廊一圈"，云南一泰（国）北（部），云南一老（挝）北（部），中越五省（市）经济走廊合作会议、云南与越北边境四省联合工作组会议等一系列"6 - X"合作机制。实践证明，"6 - X"合作机制具有较强的灵活性和包容性，有利于已具备合作条件与合作意愿的湄公河流域国家（地区）之间在特定大湄公河次区域经济合作项目上率先开展合作，起到早期收获、凝聚共识等效果。

（三） 经济走廊的概念与实践

1. 经济走廊的概念与内涵

"走廊"（Corridor）是经济要素在一定的地理区域内不断集聚和扩散而形成的一种特殊的经济空间形态。托马斯·泰勒于 1949 年在其城市地理学专著中已提到走廊的概念,[1] 卫贝尔于 1969 年将走廊描述为通过交通媒介联系城市区域的一种线状系统。[2] 20 世纪 70 年代以后，走廊规划成为研究的热点

---

[1] Thomas G. Taylor, *Urban Geography*, London: Methuen Publishing, 1949, pp. 278 - 300.

[2] Charles F. J. Whebell, "Corridors: A Theory of Urban Systems", *Annals of the Association of American Geographers*, Vol. 59, No. 1, 1969, pp. 1 - 26.

之一。目前，学界对于经济走廊的概念与内涵，尚未形成一个较为统一和公认的界定。国外学者在对经济走廊这一空间经济现象进行研究和论述的过程中，较多采用"发展走廊""城市走廊""都市走廊"等名称加以认识和界定。1996年，欧盟委员会将"欧洲走廊"定义为由公路、铁路、通信线路等在相邻城市和地区间跨界流动所形成的"轴线"。① 1999年，欧洲委员会发布《欧洲空间发展战略（ESDP）》。ESDP在肯定"欧洲走廊"概念中基础设施是其重要的特征元素的同时，首次提出"发展"应作为"欧洲走廊"的核心元素。此外，《欧洲空间发展战略》还进一步指出不同部门政策②之间建立联系对于城市走廊经济空间的形成和发展有重要意义。③

国内对经济走廊的理解主要依据1998年大湄公河次区域第八次部长会议上亚洲开发银行提出的概念。亚洲开发银行将"经济走廊"定义为次区域范围内生产、投资、贸易和基

① 赵亮：《欧洲空间规划中的"走廊"概念及相关研究》，《国外城市规划》2006年第1期。

② 据《欧洲空间发展战略》，此处"部门政策"涵盖了交通、基础设施、经济发展、城市化和环境问题等不同领域。

③ European Commission，"ESDP – European Spatial Development Perspective：Towards Balanced and Sustainable Development of the Territory of European Union"，May 1999，p. 36. http：//ec. europa. eu/regional _ policy/sources/docoffic/official/reports/pdf/sum_ en. pdf.

础设施建设等有机地联系为一体的经济合作机制。① 此外，也有学者提出"经济走廊"是相关产业以交通干线为主轴、辐射周边城市区域所形成的"经济带"。一些学者进而提出，跨境经济走廊是相邻国家和地区间，以跨境交通干线为主轴，以次区域经济合作区为腹地，开展产业对接合作、物流商贸等形成的带状空间地域综合体。② 此外，也有学者认为，跨境经济走廊是一种强调优势互补的次区域经济合作形式，其实质是发展通道经济。③

总体来看，国外对于经济走廊的论述往往采用"城市走廊""都市走廊""走廊""轴线"或其他名称代替，更多侧重经济走廊"城市"（节点）和"狭长地带"（空间布局）的特征，对经济走廊的基本逻辑、非经济领域带动的人文交流等合作范畴的关注稍显不足，其实质是经济走廊的雏形。国内一些关于经济走廊的研究和定义，则将"交通通道"和"交通走廊"视为发展经济走廊的重要基础和载体，突出经济走廊的产业带动效应。国内外研究领域对跨地区经济走廊与跨境经济走廊之间的界定尚不明确，容易忽视国家间政治互信、地缘

① "8th Ministerial Conference on GMS Subregional Cooperation", in Asean – China Free Trade Area, May 23, 2009, http://asean – cn. org/Item/606. aspx.

② 王磊、黄晓燕、曹小曙：《区域一体化视角下跨境经济走廊形成机制与规划实践——以南崇经济带发展规划为例》，《现代城市研究》2012 年第 9 期。

③ 杨鹏：《通道经济：区域经济发展的新兴模式》，中国经济出版社，2012，第 181 页。

政治、次国家政府等非经济因素对跨境经济走廊建设带来的重要影响。

笔者认为，在经济走廊的内涵与定义中，轴线形的狭长地带以及与之相对应的交通走廊是其基本外在特征，以经济合作为目的的跨区域合作机制是其题中应有之义，以人文交流为代表的多领域发展合作是经济走廊建设的重要组成部分。同时，根据参与主体的不同，还应将经济走廊分为国家内部多个地区之间的跨地区经济走廊、由多个国家共同参与形成的跨境经济走廊两种不同类型。在此基础上，本书将跨境经济走廊定义为：两个或两个以上的国家（地区），在综合考虑地理环境、自然资源和人文条件等因素的基础上，选择一部分相邻区域进行互联互通，形成一个联系生产、贸易和基础设施等为一体的特殊地理区域，实现生产要素根据市场调节的自由流动，通过有效的互补产业发展，释放沿线各经济中心的比较优势，最终形成沿"廊"地区的经济增长极，促进沿"廊"国家或地区之间实现共同发展的一种跨境经济合作机制。

2. 经济走廊的理论溯源、形成机理与功能演化

（1）经济走廊的理论溯源

作为一种立足于区域发展的合作模式，经济走廊的出现与

发展和经济地域运动、[①] 区域经济非均衡发展以及传统的区位理论和区域分工理论紧密相关。

①增长极理论

法国经济学家佩鲁于 1950 年率先提出"增长极"（Growth Pole）概念。佩鲁认为，经济要素在不断集合和扩散的过程中，通过作用通道[②]（Channel）相互产生联系，形成一种具有推进效应的抽象经济空间。这些推进效应最终形成经济的增长点或增长极。[③] 法国经济学家布代维尔、美国经济学家赫希曼、瑞典经济学家缪尔达尔等在佩鲁研究的基础上，对增长极理论进行了丰富和发展。[④] 布代维尔强调经济空间中经济要素之间特征、关系以及计划的地理区位问题。[⑤] 赫希曼和缪尔达尔提出经济空间的"涓滴效应""极化效应""回流效应"以

---

① 经济地域运动属于区域经济地理学的前沿领域，其研究的主题是从不同的深度和广度揭示经济过程在地域空间上分化、组合、运动的必然的本质联系，探讨不同类型经济地域形成、发展的内在机制，也即经济地域发生、发展和演进的一般规律，从而揭示各种决定区域经济发展的失控过程。

② 佩鲁提出的"通道"是指运输和通信等带来的经济联系，并不是指一般意义上的运输线路和通信线路。

③ 安虎森：《增长极理论评述》，《南开经济研究》1997 年第 1 期。

④ 高煦照：《增长极理论与欠发达地区经济发展》，《改革与战略》2007 年第 6 期。

⑤ 李仁贵：《增长极理论的形成与演进评述》，《经济思想史评论》2006 年第 1 期。

及"扩散效应",[1] 强调经济部门或产业的不平衡发展。[2] 正是布代维尔、赫希曼和缪尔达尔等对增长极理论的丰富和发展,使该理论具有了更多的可操作性,成为相关国家开展区域经济合作开发的指导理论。

②生长轴理论

"生长轴"(Growth Axis)是德国经济学家沃纳·松巴特于20世纪60年代首先提出的概念。松巴特认为,区域内中心城市之间公路、铁路以及水路等相互连接的交通干线的建立和完善,将显著降低这些交通干线辐射范围内人力、物资等生产要素的运输成本并改善其条件。[3] 松巴特进而提出,这些对经济空间要素集聚和扩散等有重要促进作用的交通干线,形成了区域经济开发所必需的"生长轴"。[4] 交通干线及其附近的狭长地带叫作"轴线"。生长轴理论突出强调交通运输对于区域经济开发实践的引领和促进作用。[5] 在一定程度上,生长轴理论是增长极理论的拓展和延伸。

---

① 安虎森:《增长极理论评述》,第31~37页。
② 颜鹏飞、邵秋芬:《经济增长极理论研究》,《财经理论与实践》2001年第2期。
③ 陆玉麒、董平:《中国主要产业轴线的空间定位与发展态势——兼论点—轴系统理论与双核结构模式的空间耦合》,《地理研究》2004年第4期。
④ 周茂权,《点轴开发理论的渊源与发展》,《经济地理》1992年第2期。
⑤ 安江林:《西部大开发与现代增长极理论的创新》,《甘肃社会科学》2003年第4期。

③ "点—轴系统" 理论

我国著名经济地理学家陆大道于 1984 年提出 "点—轴系统" 理论。该理论的学理渊源可追溯到德国地理学家克里斯塔勒（Walter Christaller）的 "中心地理论"（Central Place Theory）[①]、瑞典地理学家哈格斯特朗的 "空间扩散模型"（Spatial Diffusion）[②] 和法国经济学家佩鲁的 "增长极理论"。陆大道在前人研究的基础上，以更大范围的研究视角来观察经济空间各要素的联系和作用机理。他认为，"点—轴系统" 结构是不同要素取得高效配置的空间结构形态，交通干线形成的 "轴线" 只是经济空间内各经济要素集聚和扩散的媒介和途径。事实上，大部分要素都是在不同尺度的居民点和中心城市构成的 "点" 上率先进行集聚和扩散的。伴随着经济空间功能的不断演化，"点—轴—集聚区" 的新经济地理格局将逐渐形成。这里的 "集聚区"，实质上是规模和对外作用力更大的 "点"。[③] 经济要素通过在 "点—轴系统" 之间不断地联系与作用，不仅有利于自身资源的优化配置，更能促使功能更加 "高阶" 的经济空间得以不断演化形成，进而最终服务于国家

---

① 陆大道：《关于 "点—轴" 空间结构系统的形成机理分析》，《地理科学》2002 年第 1 期。

② 朱晓晴：《我国省域旅游空间结构的形成和发展——以山西省为例》，《新西部》2011 年第 8 期。

③ 陆大道：《关于 "点—轴" 空间结构系统的形成机理分析》，《地理科学》2002 年第 1 期。

或区域经济社会发展。

（2）经济走廊的形成机理分析

"机理"是指事物发生、发展的内在规律及其与外在影响因素所形成的有机联系的系统。[①] 经济走廊的形成与发展是由次区域经济空间非均衡发展引起的集聚效应和扩散效应所决定的。从其内在逻辑规律来说，这种集聚与扩散效应本质上体现的是经济要素在次区域内的流动。建立在利益共享基础上的制度通道可以为经济要素的流动提供基本的保障。要素流动与制度通道的有机结合，共同决定了经济走廊的形成与发展。

①经济走廊建设的基本动力：要素流动

土地、技术、资本、信息以及劳动力等生产要素是区域经济空间的物质内容和运行载体。不同国家和地区所拥有的要素禀赋都是非均衡分布的，这客观上为跨境、跨地区的经济合作提供了动力和前提。要素的"稀缺性"和"逐利性"促使其在特定的地理空间内不断交换、联系，最终实现高效配置。有序自由的要素流动有利于经济空间资源禀赋的价值实现与增值。[②] 同时，新经济地理学研究发现，企业层面的规

① 参见黄馨《哈大城市走廊演变机理与功能优化研究》，东北师范大学博士学位论文，2011。

② 任胜钢、孙业利：《流量经济增长模式分析》，《经济理论与经济管理》2003 年第 9 期。

模经济、运输费用和要素流动之间相互作用可导致空间经济结构的产生和变化。① 相应地，空间经济结构的产生和变化又为要素的集聚和扩散不断提供稳定的动力机制，从而为区域经济向一体化等高阶方向发展做好准备。

经济走廊产生的原因在于，经济本质要求要素流动以及控制流动成本。在同一区域内，要素的流动成本是经济发展的核心问题，同时也是经济走廊产生与发展的根源。② 作为跨境经济走廊的基本动力，要素的自由流动不仅成为发展走廊经济的主要目的，同时也充实了经济走廊的发展内容。

②跨境经济走廊建设的内生动力：制度通道

制度的形成、演化和创新是空间经济结构产生、发展的重要推动力量，同时也是跨境经济走廊等次区域经济合作得以持续健康发展的重要保障。相邻的国家和地区之间，跨境经济走廊建设的发起、走廊功能的不断完善和提升，一定程度上可以理解为跨境经济走廊机制的制度创新与制度变迁过程。诺思认为，制度创新形式的选择取决于成本与收益的比较。制度外的潜在利润是进行制度变迁的根本动因。③ 新制度经济学的代表

---

① Masahisa Fujita and Paul Krugman, "The New Economic Geography: Past, Present and Future", *Papers Regional Science*, Vol. 83, No. 1, 2004, pp. 139 - 164.

② 覃柳琴、赵禹骅：《广西临海大通道经济建设的思考》，《桂海论丛》2008年第 4 期。

③ 〔美〕道格拉斯·C. 诺思：《制度、制度变迁与经济绩效》，杭行译，第 3 ~ 7 页。

人物科斯提出，人类在社会生产中存在生产费用和交易费用。[1] 各国市场的分割以及主权国家所采取的不同限制政策，如关税和非关税壁垒等[2]在限制产品和要素自由流动的同时，也使跨境经济活动承担了较高的交易费用。为了克服跨境经济合作中面临的困难和障碍，控制交易成本，制度通道的构建被适时地提出并在实践中得到不断的修正和完善。

制度通道包含了不同的通道要素，如观念通道、政策通道和措施通道。在跨境经济走廊的建设过程中，制度通道的建设与完善可以为各参与国家和地区传递必要的信息，促进彼此间的有效信任，为实现经济合作创造条件。制度的转型与创新，使人口、资本、信息等经济要素得以更为便捷地在次区域内进行流动和重组，从而不断消除相邻国家间的"边界屏蔽效应"[3]。同时，制度通道的创新与完善也有助于抑制和约束相关国家和地区固有的"自利"本能[4]，减少"远期无知"[5]，

---

① Ronald H. Coase, "The Problem of Social Cost", *Journal of Law and Economics*, Vol. 3, 1960, pp. 3 – 8.

② 李平、陈娜：《区域经济一体化的新制度经济学解释》，《哈尔滨工业大学学报》（社会科学版）2005 年第 2 期。

③ 边界屏蔽效应是指国家边界对要素跨境流动的阻碍作用。

④ Friedrich A. Hayek, *The Fatal Conceit: The Errors of Socialism*, Chicago: University of Chicago Press, 1988, pp. 65 – 80.

⑤ 制度经济学认为，未来的行为和事态发展是一个复杂和易变的陌生环境，面临有限理性和信息不完全的风险，制度可以使复杂的人际关系过程变得更易于理解和更可预见。

限制并尽可能地消除参与跨境经济走廊建设各方之间的矛盾和利益冲突。

（3）跨境经济走廊的功能演化

跨境经济走廊的功能演化是一个不断发展的动态过程。横向上表现为，经济走廊由"点"到"线"、由"线"到"面"的地理经济空间的延伸过程。纵向上表现为，合作内容由"单一"到"复杂"，合作领域由经济扩展至政治、安全，合作形式由"低阶"到"高阶"的综合演变过程。

在跨境经济走廊的建设初期，其功能特点更多地体现为，各参与方通过规划引导、投资推动、政策协商等"外力"打造狭长型跨境经济空间。这一时期，经济走廊更多地侧重于居民点、中心城镇之间交通基础设施"轴"的建设与完善。逐渐地，为了适应经济全球化与区域经济一体化的发展要求，跨境经济走廊被赋予更多内涵，其功能也不断地丰富和拓展。

首先，经济走廊内各经济要素之间的集聚、扩散等流动与联系开始由外力驱动向内生动力驱动转变。其次，针对发展过程中出现的新问题和新情况，经济走廊内开始出现一系列新的制度构建，如建立合作机制、成立合作论坛、搭建政策沟通协商平台等。这些举措增强了经济走廊运行管理的稳定性和高效性。最后，经济走廊在自身发展需求与外在环境诉求的双重

"压力"下，通过不断地自我调适与适应，开始逐渐形成稳定的经济空间生态。经济要素的集聚效应、扩散效应得到充分释放，各参与方在经济走廊建设过程中也收获了各自的地缘经济利益。

随着经济合作不断取得新成效，次区域各国对经济走廊的功能提出了更高的要求。跨境经济走廊的合作领域由贸易、投资等经济领域开始向环境、人文交流、非传统安全等领域过渡转变。经济走廊也开始从各参与方的"利益"平台向"命运共同体"平台进行功能演变。

3. 经济走廊的实践经验

在当今经济全球化与区域经济一体化并行不悖的背景下，加强边境地区的跨境经济合作，建设以边境口岸城市和跨境交通为依托的跨境经济走廊，已成为国际上次区域经济合作的一道亮丽风景。

（1）欧洲莱茵河经济走廊

作为西欧的第一大国际水道，莱茵河发源于瑞士境内的阿尔卑斯山，西北流经列支敦士登、奥地利、法国、德国和荷兰，最后注入北海。莱茵河流域降雨丰沛，水量充足，加上18世纪以来沿岸各国对莱茵河水资源进行的系统的整治与开发，使莱茵河成为欧洲乃至世界闻名的航运水道。20世纪中叶以后，随着二战的结束，莱茵河沿岸各国掀起了铁路与高速公路的建设热潮，使莱茵河地区构建起了内河航运、铁路和公路"三位一体"的复合型交通走廊。莱茵河地区逐渐形成了以港口城市为核心的"点"，以内河网、公路等线型基础设施为走廊躯干的"轴"。最终，这一交通走廊把河口密集产业区、鲁尔工业区、"莱茵—美茵工业区"以及"路德维希—曼海姆—海德堡"工业区连接起来。[①] 这些工业区的相关产业在点上集聚，沿轴线和网络扩散，形成了支撑欧洲经济复兴的莱茵河经济走廊。

莱茵河经济走廊的形成与发展得益于沿岸交通走廊的建设与完善。沿岸各国及城市间通过有效的协调合作，不仅使莱茵河形成了干支通达、河海港口相连的水上航运网，还构建了纵横交错的陆上运输网络。这种发达的交通运输体系使莱茵河沿岸各中心城市间的货物和人员等要素流动更加自由，地区封锁和市场分割难以形成，有效促进了沿岸各国和地区的经济合作。

（2）大湄公河次区域经济走廊

1998 年发起的大湄公河次区域经济走廊（GMS）主要由

---

① 王燕、黄海厚：《莱茵河沿岸发展现代物流带动区域经济发展》，《港口经济》2004 年第 6 期。

南北、东西和南部海岸三大经济走廊构成。① 按照亚洲开发银行（ADB）的线路规划，南北经济走廊（NSEC）主要由中国的昆明和南宁两市分别指向老挝、泰国、越南、缅甸等大湄公河次区域国家，呈"纵向"分布。东西经济走廊（EWEC）主要连接越南、老挝、泰国、缅甸等四国，呈"横向"分布。南部经济走廊（SEC）主要连接泰国、柬埔寨和越南这三个拥有海岸的大湄公河次区域国家。

经过大湄公河次区域国家多年的共同努力，目前大湄公河次区域东西、南北以及南部海岸三个方向的经济走廊建设均取得了令人瞩目的进展。三大经济走廊已基本实现互联互通，为深化大湄公河次区域经济合作奠定了坚实的基础。但与此同时，大湄公河次区域经济走廊建设也面临着一些现实的困难和挑战。首先，相关各国依然存在着政策规定协调不够的情况，"通而不畅"的问题依然存在。其次，大湄公河次区域经济走廊虽然已初步建立，但次区域内各国经济相互依存程度不高而且失衡（主要是区域内各国对中国的需求远大于后者对前者的需求）、缺乏产业支撑等都成为制约大湄公河次区域经济走

---

① 南北经济走廊途径线路包括：一是中国昆明—老挝南塔省—泰国清迈—曼谷；二是中国昆明—越南河内—海防；三是中国南宁—越南河内。此外，中国昆明—缅甸一线被作为北部走廊列入规划。东西经济走廊途径线路是越南岘港—老挝中部—泰国东北部—缅甸毛淡棉。南部海岸经济走廊途径线路包括：一是泰国曼谷—柬埔寨金边—越南胡志明市—头顿市；二是泰国曼谷—柬埔寨暹粒—越南波来古—归仁。

廊提高相互依存度的重要原因。最后，建立包括水资源开发利用在内的利益均衡机制和争端解决机制，创造贸易和投资的便利条件，仍然是大湄公河次区域经济走廊建设需要解决的现实问题。

（3）南宁—新加坡经济走廊

2006 年首次提出的南宁—新加坡经济走廊（NSEC）线路，以中国的广西南宁为起点，一直南下延伸至新加坡，途径中国、越南、老挝（或柬埔寨）、泰国、马来西亚和新加坡等多个国家。[①]

南宁—新加坡经济走廊建设长度达 3700 公里，涉及多个国家，相关国家因为利益差异等原因对线路走向、先建后建路段看法不一，协调难度大。作为走廊建设构想的提出方，中国广西壮族自治区的财政能力和外事权限并不足以支撑多国参与南宁—新加坡经济走廊建设。因此，在实践过程中，南宁—新加坡经济走廊并没有被"东盟互联互通总体规划"以及大湄公河次区域合作近期的建设规划所接受。此外，南宁—新加坡经济走廊的交通基础设施建设相对滞后，交通走廊仍处于雏形期。走廊沿线铁路未能连成网络，铁路轨道标

---

① 马加力：《中国—新加坡经济走廊建设的若干问题》，《东南亚纵横》2014 年第 10 期。

准不一。虽然以公路为主的交通通道已初步建立，但由于公路网络技术标准较低，通行状况并不理想，尤其是越南北部地区和老挝、柬埔寨境内的公路等级偏低，大大制约了交通走廊的形成。① 最后，南宁—新加坡经济走廊也尚未构建起类似《大湄公河次区域便利货物及人员跨境运输协定》一类的制度通道，不利于经济走廊内人员及货物等要素的自由流动。目前，推动主体的缺位、利益协调困难、交通走廊和制度通道建设力度不足等制约了南宁—新加坡经济走廊的建设与发展。

（4）中巴经济走廊

中巴经济走廊（CPEC）于 2013 年提出，其规划线路主要是中国新疆乌鲁木齐—喀什—红其拉甫—巴基斯坦苏斯特—洪扎—吉尔吉特—白沙瓦—伊斯兰堡—卡拉奇—瓜德尔港。② 其建设内容主要包括喀喇昆仑公路，瓜德尔港交通基础设施，煤电、水电、管道建设等能源合作，以及纺织和家电经济园区等项目建设，总投资约 450 亿美元。目前，中巴经济走廊已进入实质性建设阶段，以能源和基础设施建设为

---

① 王磊、李建平主编《跨境经济带发展规划研究》，中山大学出版社，2012，第 65 页。

② 赵悦：《2014 年中巴经济走廊期待发展新动力》，《大陆桥视野》2014 年第 2 期。

主要内容的早期收获项目正在稳步展开，相关工作有望于
2017 年年底前完成。开展中巴经济走廊建设，有利于加强中
国与巴基斯坦之间的经济和政治联系，促进该地区劳动力、
物资、技术和信息等经济要素的便捷高效流动。同时，也有
利于释放两国走廊沿线地区的经济合作潜力，维护两国能源
安全。① 此外，中巴经济走廊建设也将同孟中印缅经济走廊
（BCIM）建设一起为"一带一路"战略的实施注入更加鲜活
的内容和动力。

但需要注意的是，中巴经济走廊建设未来一段时期内仍然
面临不少的问题和困难。首先，巴基斯坦国内政局不够稳定、
内部安全问题突出、恐怖活动频繁等使走廊所经地区的安全形
势不容乐观。其次，中巴经济走廊的建设距离过长、地形复杂，
建设过程面临巨大的资金、技术和成本压力。最后，瓜德尔港
位于巴基斯坦经济相对落后地区，产业不发达，人流、物流、
资金流较少，严重制约了其作为走廊关键节点（Hub）的枢纽
作用。

4. 经济走廊的特点与意义

综上所述，经济走廊是在地理上把一个国家或多个国家的一

---

① 陈利君：《中巴经济走廊建设前景分析》，《印度洋经济体研究》2014 年第
　　1 期。

些地区连接起来的经济主轴。从狭义上讲，是连接相关各国的基础设施，包括铁路、公路、江河航运，航空网、光缆、油气管道等，是经济交往的纽带和动脉。从广义上讲，则是交通与经济紧密的互动关系，是以交通通道建设为基础，产业、贸易和基础设施为一体的，带动沿线经济发展的轴心。作为次区域经济合作重要方式的经济走廊建设，具有以下四个方面的特点。

一是全局性。经济走廊以线带点、以点带面，涉及整个次区域的发展与合作，带动和促进整个次区域的经济社会发展，而不局限于某一个国家、某一个地区、某一产业、某一项目，它是跨国、跨地区的，是产业链、项目群，它的规模和效益也是全局性的。

二是综合性。经济走廊涉及各行业各领域，主要有基础设施、交通、能源、农业、矿山、高新技术产业、制造业、生物开发、环保生态、防灾减灾等。

三是关联性。指在经济走廊发展的各种产业之间存在互相依存、共同发展的关系。各种经济产业互为依存、共同发展，缺一不可。

四是互补性。经济走廊涉及的各国各方在资源、条件、人力、技术、财力、设施等方面各不相同、差异较大，主要体现在各有优势与不足，从而可以通过经济走廊的建设取长补短、互为补充、共同发展。

从区域经济学角度分析，经济走廊建设的实质是发展国际通道经济。国际通道经济是指依托国际交通运输主干线路对生产力的聚扩转换功能，对沿线地区进行结构调整、产业培育、资源开发和生产力布局的跨国区域经济。在世界经济发展进程中，通道经济已在许多地区显示出巨大的发展潜力。大湄公河次区域经济走廊建设就是在这样的背景下开展起来的，即以交通基础设施为载体，规划沿线地区的生产力布局、经济发展格局、对外经济合作形式，并形成发展战略，其核心就是通过沿交通干线集聚生产力，促使经济走廊内的枢纽点发展成为次区域内重要的经济中心，并促进生产要素和产品的跨国便捷流动，推进经济交往和合作，以交通优势形成经济优势，以开放型的交通网络形成开放型的经济网络。其战略意义在于：在全球化、区域化的背景下，把产业发展与区域经济，通过专业分工即行业化与交通的便利性，有效地结合起来，从而形成一种高效的生产组织方式，使参与合作的各国实现互利共赢，并促进次区域经济一体化进程。[①]

（四） "丝绸之路经济带" 的概念与实践

1. "丝绸之路经济带"的概念与内涵

"丝绸之路经济带" 是在古代丝绸之路概念基础上形成的一

---

① 参见刘稚《大湄公河次区域经济走廊建设和中国的参与》，《当代亚太》2009 年第 6 期。

个新的经济发展区域，① 其本质是一种特定的区域经济空间结构。同时，"丝绸之路经济带"是以经济利益为基本追求的，世界上最长、最具发展潜力的"经济走廊"。从广义的地理纬度上看，"丝绸之路经济带"应包含陆上丝绸之路与海上丝绸之路两个空间范畴。② 在性质上，"丝绸之路经济带"是集政治经济、内政外交与时空跨越于一体的历史超越版。在内容上，"丝绸之路经济带"是集向西开放与西部开发于一体的政策综合版。在形成过程上，"丝绸之路经济带"是历经几代领导集体谋划国家安全战略和经济战略的当代升级版。"丝绸之路经济带"的基本内涵是加强"五通"，即"政策沟通""设施联通""贸易畅通""资金融通""民心相通"。"政策沟通"是"丝绸之路经济带"建设的前提，"设施联通"是"丝绸之路经济带"建设的重要内容，"贸易畅通"是"丝绸之路经济带"建设的目标，"资金融通"是"丝绸之路经济带"建设的基础支撑条件，"民心相通"是"丝绸之路经济带"建设的关键。

2. "丝绸之路经济带"的相关理论

(1) "丝绸之路经济带"以"通道经济"为载体

"丝绸之路经济带"是以经济走廊为依托，通过集聚效应

---

① 王争鸣：《"丝绸之路经济带"铁路通道发展战略研究》，《铁道工程学报》2014 年第 1 期。

② 《丝绸之路经济带战略构想的金融元素》，和讯网，2014 年 10 月 14 日，http：//opinion. hexun. com/2014 – 10 – 14/169317072. html。

和扩散效应逐渐发展形成的一种带状发展的经济合作空间，其实质是一种新型的"通道经济"。

"通道经济"是建立在交通通道、产业链纽带基础之上，立足于区域经济一体化，以经济扩散、互补发展为目的的开放型的经济发展模式。① "丝绸之路经济带"以地缘相通为前提，通过在中亚、南亚、东南亚、西亚等区域推进"政策沟通""设施联通""贸易畅通""资金融通""民心相通"等"五通"，降低人员、商品、资金跨境流动成本和时间，促进沿线要素有序自由地流动和优化配置，释放沿线各经济中心的比较优势，以点带面，从线到片，最终通过扩散效应形成沿线国家和地区"共同"的利益网络。

(2) "丝绸之路经济带"以构建命运共同体为重要目标

"丝绸之路经济带"建设的一个重要目标是以"丝绸之路"记忆符号为纽带，以"经济合作"为基本路径，以拉近中国与周边国家的"物理"和"心理"距离为手段，增进中国与周边国家的彼此"认同"，从而全面推进中国与周边国家的政治经济合作，与各国共同打造互利共赢的"利益共同体"和共同发展繁荣的"命运共同体"，将"中国梦"与周边国家的"发展梦"有机地结合起来。

---

① 杨鹏：《通道经济：区域经济发展的新兴模式》，中国经济出版社，2012。

"五通"是"丝绸之路经济带"建设的重要内容。其中，"设施联通""贸易畅通""资金融通"这"三通"均与经济建设密切相关。开展"丝绸之路经济带"建设将有助于中国与周边国家建立一张巨大的经济利益网络。"五通"中的"政策沟通"与"民心相通"则表明"丝绸之路经济带"的战略目标并不仅仅局限于经济利益，其最终目的是消除分歧、增加共识、形成互信互助的良好合作氛围，使"一带一路"产生更多的共有利益，从而增进认识、加强政治互信。尤其"民心相通"更为"丝绸之路经济带"建设奠定坚实的民意基础和社会基础，也更好地体现"国之交在于民相亲"这一理念，切实提高中国在周边国家的影响力、感召力和亲和力，树立中国"负责任"的国家形象。

3. "丝绸之路经济带"的实践经验

（1）日本"丝绸之路外交"战略

尽管处于海上丝绸之路的"末端"，但在很长的一段时间里，日本对丝绸之路的热情却超过了中国。1978 年和 2005 年，日本公立电视台 NHK 与中国中央电视台合作拍摄的《丝绸之路》和《新丝绸之路》系列纪录片，不仅掀起了一股"楼兰热"，也让中国的"丝绸之路"走向世界。①

---

① 《从陆上到海上一个"现代马可·波罗"的丝路之旅》，《现代快报》，ht-tp：//kb. dsqq. cn/html/2014－11/23/content_ 372054. htm。

日本也是一个油气资源比较匮乏的国家。中亚地区丰富的能源资源，特别是里海周边的石油和天然气，很早便引起了日本的注意。在此背景下，1997 年，日本桥本内阁首次提出"丝绸之路外交"新战略。①

作为第一个正式提出"丝绸之路"计划的国家，日本将中亚及高加索地区视为"丝绸之路地区"，将其置于"丝绸之路外交"战略的重要位置，并于 1998 年、1999 年分别针对哈萨克斯坦、吉尔吉斯斯坦、塔吉克斯坦、乌兹别克斯坦和土库曼斯坦、格鲁克亚、亚美尼亚和阿塞拜疆八国制定了以政治和经济为主轴的"丝绸之路外交"计划，可惜未见显著成效。2004 年，为了牵制中俄两国，获取中亚油气资源，日本重新展开"中亚攻略"，推行升级版的"丝绸之路外交"战略，并参与筹办了首次"日本 + 中亚"外长级会议，但进展并不理想。

日本的"丝绸之路外交"主要体现在对中亚政府的开发援助上。从 1991 年到 2000 年，日本向中亚提供了 1882.48 亿日元的政府开发援助。在 1999 年和 2000 年，日本是哈萨克斯坦、吉尔吉斯斯坦和乌兹别克斯坦的最大捐款国，是土库曼斯坦的第二大捐款国。2001 年"9·11"事件后，日本向塔吉克斯坦的阿富汗难民支援项目提供了 2.4 亿日元无偿援助，向塔

---

① 刘迪、舒林、范阅：《"丝绸之路经济带"：概念界定与经济社会综述》，《西部金融》2014 年第 9 期。

吉克斯坦"母子保健改善计划"提供了 1.85 亿日元无偿援助,向乌兹别克斯坦"干旱地区保健改善计划"提供了 3.55 亿日元无偿援助。①

(2)美国"新丝绸之路"计划

中亚地区的地缘政治价值同样引起美国的重视。早在 1997 年,美国参议员 Sam Brownback 与美国约翰·霍普金斯大学中亚和高加索研究所的 Frederik Starr 教授就提出了"新丝绸之路"的概念。1999 年,美国"丝绸之路战略法案"在国会获得通过。该法案计划通过支持中亚和南高加索国家的经济和政治独立来复兴连接这些国家及欧亚大陆的"丝绸之路"。② 2005 年,美国提出"大中亚"计划,重点建设阿富汗的交通、通信和能源管线,力图消除跨境障碍,推动中亚、南亚地区经济和社会的综合发展。③ 2011 年,为弥补美国等国军队从阿富汗撤军后形成的"权力真空",继续维护美国在欧亚大陆腹地的主

---

① 《日本:丝绸之路外交 意在牵制中俄》,《参考消息》特刊,http://news. xinhuanet. com/world/2004 - 09/02/content_ 1937477. htm。

② 《新丝绸之路经济带的国家战略分析》,《中国评论新闻网》,http://www. crntt. com/crn - webapp/mag/docDetail. jsp? coluid = 0&docid = 102947468 & page = 3。

③ Frederick Starr and Adib Farhadi, "Finish the Job: Jump - Start Afghanistan's Economy", Central Asia - Cauca - sus Institute &Silk Road Studies Program, 2012.

导地位，围堵遏制中国、俄罗斯和伊朗，美国提出了"新丝绸之路"计划。该计划认为，"新丝绸之路"不是指一条路线，而是指形成广泛的地区交通和经济的联系网络。[①] 2012 年，美国在东京召开"新丝绸之路"计划部长级会议，提出希望日本加入该计划的动议。同年，在美国芝加哥北约峰会中，美国将"新丝绸之路"计划列为重要议题。但近年来，美国的"丝绸之路计划"并没有取得实质性的突破，反而呈现出淡化的迹象。

美国的"新丝绸之路"计划带有较强的意识形态色彩。主要表现为与中国和俄罗斯展开地缘政治争夺。[②] 因此，美国"新丝绸之路"计划的实施不可避免地面临诸多障碍。第一，巴基斯坦的合作意愿不强。巴基斯坦认为，中国与俄罗斯是维护巴基斯坦地区稳定、和平发展的重要力量；美国的"新丝绸之路"计划与中国的地缘经济利益以及俄罗斯的地缘政治利益相冲突。因此，巴基斯坦并不赞成美国的倡议。[③] 此外，巴基斯坦认为，美国希望印度在"新丝绸之路"计划中发挥

---

① 李建民：《"丝路精神"下的区域合作创新模式——战略构想、国际比较和具体落实途径》，《人民论坛·学术前沿》2013 年第 23 期。

② 何茂春、张冀兵：《新丝绸之路经济带的国家战略分析》，《人民论坛·学术前沿》2013 年第 23 期。

③ Imtiaz Gul, "Pakistan Way of New Silk Route Idea", January 13, 2012, http://weeklypulse. org/details. as - px? contentID = 1735&storylist = 9, 2012 - 03 - 02.

"中心作用",[①] 这也是巴方所不能接受的。2011 年，巴基斯坦拒绝参加在德国波恩举行的阿富汗问题国际会议，以此"抵制"美国的"新丝绸之路"计划。[②] 第二，印度和巴基斯坦两国全面对话进程存在变数。美国为推动"新丝绸之路"计划，要求印巴和解并进行对话。对于美国的努力，印度一直态度谨慎。印度不满美国把巴基斯坦置于与印度相同的战略地位，甚至可能利用巴基斯坦制衡印度的做法。[③] 第三，阿富汗国内和平进程存在变数。但在美国的战略设计中，阿富汗是联系中亚和南亚不可或缺的一环。[④]

（3）俄罗斯"新丝绸之路"计划

俄罗斯曾多次将正在建设中的，由中国经过中亚和俄罗斯直抵德国杜伊斯堡，并连通欧洲铁路网和港口的"中欧运输走廊"称为"新丝绸之路"，并表示俄罗斯将在"新丝绸之

---

① Remarks by Robert O. Blake Jr. , "Looking Ahead: U. S. – In – dia Strategic Relations and the Transpacific Century", http: //www. state. gov/p/sca/rls/rmks/2011/174139. htm.

② 高飞:《中国的"西进"战略与中美俄中亚博弈》,《外交评论》2013 年第 5 期。

③ Subhash Kapila, "South Asia 2011: Strategic Challenges Confronting the United States", SAAG Paper, No. 4603, July 18, 2011, http: //www. southasiaanalysis. org/papers47/paper4603. html, 2012 – 12 – 20.

④ Andrew C. Kuchins, Thomas M. Sanderson and David A. Gordon, "Afghanistan: Building the Missing Linkin the Modern Silk Road".

路"上发挥决定性作用。① 2000 年，俄罗斯、印度、伊朗三国发起"北南走廊"计划，计划修建一条从南亚途经中亚、高加索、俄罗斯到达欧洲的货运通道。但该计划因资金不能及时到位、政治分歧难以弥合等原因而进展缓慢。② 乌克兰也曾于 2005 年表示，将与俄罗斯、匈牙利就创建欧亚"新丝绸之路"交通走廊开展合作，以解决横跨亚欧大陆的铁路集装箱货物运输问题。③ 但是，该计划最终也没能继续推进。2011 年，俄罗斯提出"欧亚联盟"战略，"新丝绸之路"正式退出舞台。

俄罗斯的"新丝绸之路"战略以维护其在中亚的影响力为根本。苏联解体以前，中亚一直是苏联的一部分。苏联解体以后，俄罗斯继承了苏联的绝大部分"遗产"。在中亚国家纷纷独立已成定局的情况下，俄罗斯自然会将中亚地区看作自己的势力范围和"后院"。特别是普京上台以后，俄罗斯的对内和对外政策都进行了大幅度调整，更加重视中亚各国的地缘战略地位。"北南走廊"等"新丝绸之路"战略的提出正是俄罗斯在中亚抗衡其他国家影响力的积极尝试。

---

① Andrew C. Kuchins, Thomas M. Sanderson and David A. Gordon, "Afghanistan: Building the Missing Linkin the Modern Silk Road".

② 何茂春、张冀兵：《新丝绸之路经济带的国家战略分析》，《人民论坛·学术前沿》2013 年第 23 期。

③ 《乌克兰、俄罗斯与匈牙利计划创建"新丝绸之路"》，新浪财经，http://finance. sina. com. cn/roll/20050427/211239292. shtml。

（五）相关国际经验对孟中印缅经济走廊建设的理论启示

1. 设施联通是经济走廊的重要前提，孟中印缅经济走廊应以互联互通为先导

设施联通在经济走廊建设和发展中具有先导作用，是经济走廊建设取得实效的重要前提。设施联通既包括交通通道等基础设施的"硬联通"，同时也包括建设规划、技术标准、合作机制等的"软联通"。以互联互通为先导的基础设施建设，直接关系到经济走廊的建设成本以及经济走廊内人员、货物等经济要素的流动成本，是经济走廊建设的关键环节。

目前，交通等基础设施建设的"硬联通"滞后，建设规划与技术标准等的"软联通"缺乏有效对接是孟中印缅经济走廊建设面临的突出问题。首先，孟中印缅四国之间缺乏便捷通达的交通条件，现有的交通基础设施在短期内仅能勉强满足孟中印缅经济走廊过境交通运输需求。要形成互联互通、便捷的地区性交通网络，需要新建和改造不少路段，所需资金巨大。交通基础设施的建设面临较大的融资困难。[①] 其次，孟中印缅四国的公路、铁路网自成体系，道路、桥梁施工标准不

---

① 刘稚：《建设第三欧亚大陆桥面临的困难和问题初析》，《第三欧亚大陆桥西南通道建设构想》，社会科学文献出版社，2009，第134页。

一，仍存在缺失路段和边界管理设施落后等问题。最后，孟中印缅四国目前实行的双边过境运输协议对经济走廊地区过境车辆、货物和人员的限制太多，不利于提升次区域贸易。孟中印缅四国对国际陆地交通运输便利化公约重视不足，认识不够，尚未签署《过境运输框架协议》。在此背景下，孟中印缅四国要想使经济走廊成为深化彼此间互利合作的利益纽带，加快走廊内要素的自由流动，就必须进一步加快推进陆运、水运、航运等基础设施建设，加强设施联通，深化经济走廊沿线的互联互通合作。

这就需要加强以下方面的工作：一是借助亚洲基础设施投资银行（Asian Infrastructure Investment Bank，AIIB）、金砖国家新开发银行（New Development Bank，NDB）、丝路基金（Silk Road Fund）等融资平台，加大孟中印缅经济走廊关键通道、关键节点和重点工程的交通基础设施的资金支持力度，优先打通缺失路段，畅通瓶颈路段，配套完善道路安全防护设施和交通管理设施设备，提升道路通达水平。[①] 二是采取共同协商、先易后难的方式，统筹推进孟中印缅经济走廊沿线边境口岸、能源通道、信息通信等基础设施的互联互通建设。三是加强孟中印缅经济走廊建设规划、技术标准、合作机制等"软

---

① 《推动共建丝绸之路经济带和21世纪海上丝绸之路的愿景与行动》，人民出版社，2015，第 8 页。

联通"建设，尽快推动出台《孟中印缅经济走廊建设总体规划》，研究制定《孟中印缅跨境客货运输便利化协定》。

2. 利益共享是经济走廊的核心要素，孟中印缅经济走廊应建立在不断扩大的共同利益基础之上

经济走廊是建立在共同利益基础之上的。没有共同的目标和利益诉求，就无法形成强烈的合作意愿。利益的创造、交织和合理分配，是经济走廊建设的重要原则。其中，密切经济合作、做大"利益蛋糕"是经济走廊建设的外在表现。利益的合理分配与共享是经济走廊建设的核心要素，同时也是经济走廊建设能否顺利推进，并最终取得实效的关键。

当前，孟中印缅经济走廊已进入实质性建设阶段。四国应充分利用经济走廊沿线地区的丰富的资源、广阔的市场，通过密切产业合作、创新合作模式，充分发挥孟中印缅地区的经济增长潜力，做大经济走廊建设的利益蛋糕。同时，孟中印缅四国还应在经济走廊的建设过程中，更加明确各自在经济走廊建设过程中的利益诉求，以更加开放包容的心态加强政策沟通，既努力维护自身在参与经济走廊建设过程中的收益，同时也能充分照顾他国在参与经济走廊建设中的利益关切。一方面，孟中印缅四国应从经济走廊沿线人民的利益出发，建立多层次合作对话协商机制，科学合理地制定经济走廊的线路和走向、先建后建路段等建设规划。另一方面，孟中印缅

四国应进一步拓展经济走廊建设的互利互惠空间，深化各领域互利合作，加强经济走廊建设的利益融合，建立经济走廊建设的利益均衡机制和争端解决机制，逐渐形成孟中印缅经济走廊建设的利益共同体。孟中印缅四国只有在追求本国利益的同时也兼顾他国的合理关切，在谋求本国发展的过程中促进各国共同发展，[①] 积极构建互利共赢的战略伙伴关系，共同打造地区利益共同体和命运共同体，才能使经济走廊建设取得更多的实质性进展。

3. 产业合作是经济走廊的重要支撑，孟中印缅经济走廊应立足于产业优势的互补与发挥

经济走廊建设的本质是开展次区域经济合作，经济合作的核心是产业合作。[②] 产业合作不仅是经济走廊建设的重要支撑，同时也是经济走廊建设的重要内容。只有依托本地区的地缘经济优势，密切产业合作，才能充分实现走廊沿线的经济发展潜力。

孟中印缅经济走廊建设应立足于本地区产业优势的互补与发挥，以优势产业合作为核心，以项目合作为平台，借助亚洲

---

① 《习近平：中国的发展非我赢你输　决不称霸搞扩张》，中国新闻网，ht-tp：//www. chinanews. com/gn/2012/12－05/4385579. shtml。

② 陈利君：《建设孟中印缅经济走廊的前景与对策》，《云南社会科学》2014年第 1 期。

基础设施投资银行、金砖国家新开发银行、丝路基金等融资支持，不断夯实经济走廊建设的产业支撑。做到一是开展能源合作。孟中印缅四国应根据本地区能源资源丰富、电力能源紧缺、设备及输送网络等基础设施落后的特点，积极推进经济走廊沿线水电、太阳能、风能、油气、生物质能等能源资源的合作开发利用，大力发展区域能源贸易，完善能源输送体系，提高能源效率。二是开展农业合作。孟中印缅四国都是农业大国，应进一步加强农业生产技术合作，在经济走廊沿线建设一批具有引领作用的农业示范区、畜牧业跨境合作区和农产品加工基地。三是开展旅游合作。孟中印缅地区拥有独特的地域文化、历史遗产及自然、人文旅游资源，因此旅游合作有着良好基础和广阔前景。孟中印缅四国应组织本国旅游部门及旅游企业，对经济走廊沿线黄金旅游线路进行联合考察，研究设计突显孟中印缅区域特色的旅游产品和线路，共同开发客源市场、合作宣传促销、组建跨国经营的旅游企业。四是开展国际产能和装备制造合作。当前，中国已进入工业化中后期，但印度工业化进展缓慢，孟加拉国与缅甸的工业化进程仍处于起步阶段。中国已成为全球制造业大国，被称为"世界工厂"。印度在服务业特别是 IT 产业、制药、生物技术等高技术产品上成就显著。虽然缅甸和孟加拉国工业化程度较低，但这两国矿产资源丰富，发展潜力巨大。孟中印缅四国应立足各自在产能和装备制造方面的优势与需求，在轨道交通、通信设备、纺织工业、工程机械、生物制药、软件设计等领域加强国际产能和装备制造的合作。

4. 经济走廊建设是一个长期的发展过程,孟中印缅经济走廊可尝试建立"4－X"的合作机制

经济走廊建设是一个长期的发展过程。部分国家和地区由于不能从经济走廊建设中快速获益,容易动摇和减轻参与经济走廊建设的信心和动力。挑选合作意愿相对强烈、合作基础相对稳固、合作条件相对优越的国家和地区优先开展局部、小范围的经济走廊建设,形成经济走廊早期收获对于相关国家消除分歧、凝聚共识、增进信心、密切合作有着重要的价值和意义。

孟中印缅经济走廊沿线地区经济基础薄弱、民族宗教背景复杂、部分国家政局动荡、政治互信缺乏、合作意愿不足等因素都显示全面推进经济走廊建设既不可行,也不现实。因此,孟中印缅四国应尝试建立"4－X"的合作机制,根据合作意愿、合作基础等不同因素,在两个或三个国家之间优先形成双边、小多边的经济走廊合作模式。"4－X"的合作模式有利于相关国家和地区充分利用不同时期孟中印缅经济走廊建设的合作基础与合作条件,凝聚共识,灵活选择经济走廊的建设线路与合作领域。同时,该合作模式也可以作为促进孟中印缅经济走廊建设的突破口和试验田,通过充分发挥经济走廊内不同国

家参与走廊建设的积极性和主动性，为逐步推动全面建设孟中印缅经济走廊创造有利条件。

5. 经济走廊建设受到诸多非经济因素的影响，孟中印缅经济走廊建设应对此予以足够重视

经济走廊建设是经济因素和非经济因素共同作用的结果。[①] 某些情况下，非经济因素会对经济走廊建设产生局部甚至是全局性影响，成为决定经济走廊建设能否顺利进行的重要变量。

孟中印缅经济走廊具有超越主权边界的特性，在建设过程中必须高度重视政治互信、次国家政府等非经济因素的影响与制约。一方面，孟中印缅四国应加强政策沟通，认真做好相关的预案和应对机制，尽量减少和避免非经济因素对经济走廊建设带来的消极影响。努力将"地缘经济"与"地缘政治"适度分离，绕开政治互信不足等"暗流"，集中精力和财力优先发展经济走廊建设，加速形成早期收获并产生示范和拉动效应。另一方面，孟中印缅四国应对经济走廊建设中存在的非经济因素所带来的影响持理性、乐观的认识，善于利用非经济因素的"积极面"，并使之服务于经济走廊建

①　徐鹰：《非经济因素对我国经济发展的影响及启示》，《青海社会科学》2007 年第 5 期。

设：一是积极利用中国云南省、印度东北各邦等对参与孟中印缅经济走廊建设的迫切愿望，尝试构建"省长论坛"等平台机制，合理发挥次国家政府在推动经济走廊建设过程中的自主权和能动作用，推动各国中央政府加大对孟中印缅经济走廊的战略投入。二是要充分发挥次国家政府在改善和重塑孟中印缅经济走廊地缘政治环境中的重要作用①，合理利用次国家政府与中央政府在经济走廊建设中的不同利益视角，通过引导次国家政府积极帮助中央政府改善孟中印缅地区地缘政治环境等非经济层面合作，换取中央政府对其在走廊范围内开展经济合作的重视和支持。

6. 开放包容是经济走廊的重要特征，孟中印缅经济走廊应加强与其他经济走廊的竞合发展

经济走廊建设需要以丰富的资源和广阔的市场为基础，也需要以其他经济走廊建设的成功经验和教训为指导，这些内在需求决定了经济走廊建设必须具备开放包容的特征。参加经济走廊建设合作的国家和地区应通过积极参与不同经济走廊合作机制的竞合发展，充分发挥经济走廊建设的规模效应和集群效应，促进共同发展。

---

① 杨思灵、高会平：《试论孟中印缅地区合作与中国的地缘政治环境塑造》，《印度洋经济体研究》2014 年第 2 期。

孟中印缅经济走廊沿线地区基础设施较为薄弱、经济发展水平相对滞后、走廊建设资金较为缺乏。同时，参与经济走廊建设的孟中印缅四国还分别参加了 GMS 经济走廊、中巴经济走廊、环孟加拉湾多领域经济技术合作组织[①]、南亚区域合作联盟等次区域经济合作机制。印度于 2013 年提出建设印度 – 湄公河区域经济走廊的合作构想。[②] 印度还与日本合作，提出共同推进"亚洲经济走廊"建设。[③] 因此，孟中印缅区域面临多个经济走廊并存、合作机制相互重叠的发展境况，相关国家在推进不同经济走廊建设的过程中，不可避免地会在各自参与的经济走廊建设中面临选择和侧重，从而对这些国家参与经济走廊建设的积极性、建设力度等产生一定的消极影响，不同经济走廊建设之间也会面临资源重复、效率低下等不利情况。在此背景下，孟中印缅四国应加强战略沟通，形成合作共识，紧密对接不同经济走廊建设规划，均衡分配各自在不同经济走廊中的资源投入，加强不同经济走廊建设线路之间的互联互通，相互借鉴不同经济走廊建设过程中所

---

① 原名为"孟印斯缅泰经济合作组织"，1997 年 4 月在印度的主导下成立。2004 年 7 月，该组织更名为"环孟加拉湾多领域经济技术合作组织"。

② 《印度谋划建设印度 – 湄公河区域经济走廊》，中华人民共和国驻印度共和国大使馆经济商务参赞处，http：//in. mofcom. gov. cn/article/jmxw/201311/20131100394032. shtml。

③ 《日印拟共同推进"亚洲经济走廊"对抗中国》，环球网，http：//world. huanqiu. com/exclusive/2014 – 01/4771952. html。

取得的发展经验，加强与其他经济走廊之间的竞合发展。

7. 人文交流是经济走廊建设开展全方位合作的重要前提

当今世界，人文交流已成为国家之间关系的重要基础，是国际交流与区域合作中极为重要的桥梁和渠道。所谓区域经济，就是按照地缘关系、经济内在联系、民族文化传统以及社会发展需要而形成的区域经济联合体。因此，相邻各国及其毗邻地区是建立区域经济合作组织的最佳伙伴。在这一进程中，文化是一个十分重要的因素。事实上各种大大小小的经济圈，总体上均与相应的文化圈重叠或交叉。目前为止，已有 146 个国家和地区参加了 35 个各种形式的区域性经济集团。其中比较成功的欧洲联盟（EU）、北美自由贸易区（NAFTA）等无不具有相同或相似的文化背景。国际经验和发展规律表明，经济区域化的成功，一方面会加强区域内的文化认同，另一方面，只有扎根于文明共同体中的经济合作才会有所成就，文化和宗教从某种意义上来说构成了经济合作的基础。①

两千多年来，"南方丝绸之路""茶马占道"等连接中国和孟加拉国、印度、缅甸的古老通道从未间断，这些通道为中

---

① 参见刘稚《面向东南亚、南亚的云南民族文化区位优势》，《思想战线》1998 年第 11 期。

国与孟加拉国、印度、缅甸的文化交流与传承做出了重要贡献。孟中印缅毗邻地区源远流长的民族、文化亲缘关系，为经济走廊建设提供了得天独厚的基础条件。在这样的历史条件下，我们有必要通过发展孟中印缅人文交流进一步增进彼此间的了解，以促使业已建立的睦邻友好关系进一步巩固和发展。

8. 经济走廊建设应采取先易后难、层次推进战略

由于孟中印缅地区复杂的地缘经济、政治特点，如何协调各方利益是推进次区域合作所面临的难题。经济走廊建设应采取"边缘切入"、层次推进战略，利用地理相连、交通便利、联系紧密、范围较小、便于操作等优势，依托国际通道，重点选择区位优势突出、基础设施完善、投资环境较好，并有良好经济社会基础和条件的城市、集镇或口岸，率先建成具有辐射带动功能的经济带。此类经济带由于在实施过程中的具体性、有效性和决策的灵活性，因此在加强经济技术合作和市场的融合与发展方面有较强的适用性。这种交通先行、层次推进，从易到难、从重点合作到全面合作的渐进方式，将为孟中印缅地区的全方位合作探索出新的路径和模式。

9. 经济走廊建设将构筑起四国毗邻地区新的经济增长极

孟中印缅四国接壤和邻近的大片地区目前还没有形成一个

能够带动区域经济发展的增长极，整个区域缺乏经济增长的核心和骨架。根据发展经济学理论，区域经济发展有两种主要的空间模式：一种是极点增长模式，即由一个或几个增长中心带动周围地区的发展；一种是带状发展模式，即依托铁路、公路、水运交通系统形成一条经济增长带。孟中印缅经济走廊是以铁路、公路和水路为纽带形成的，沿线既有昆明、曼德勒、达卡、加尔各答等中心城市，又有众多的边境口岸、港口城市，完全有可能形成一个由极点增长模式和带状发展模式相结合的"港口、中心城市沿腹地轴线纵深型"发展模式，并在较短的时间内构筑起区域合作的战略支点，形成区域性的经济枢纽，迅速密切相关各国间的经济联系，使产业的组合和发展纳入次区域合作的轨道，从而促使相应地区成为投资与经贸合作的热点、国际资源与生产要素的集结点和新的经济增长点，同时通过示范效应和辐射、传导机制，为走廊及其周边地区居民增加就业机会、减少贫困、缩短收入差距做出贡献，进而带动整个次区域经济的可持续发展。

10. 充分发挥次国家政府的作用是经济走廊建设的重要路径

随着经济全球化的推进，国家之间的交流与合作渗透到主权国家的各个组成部分。其中，地方政府作为次国家行为主体，在主权国家参与（次）区域合作中发挥的作用日益突出。

次国家行为主体参与国际合作与主权国家中央政府相比具有以下优势：首先，次国家政府参与国际合作为主权国家之间的合作提供了捷径，其非主权性的特点能够为具有冲突或者敏感问题的国家间在经济、文化、环境保护、打击毒品走私等"低级政治领域"的合作铺平道路。其次，次国家政府参与国际合作的效果更具直观性和可操作性，从而更具有生命力。

云南作为"次国家"行为主体，在参与孟中印缅经济走廊建设中具有无可比拟的优势。首先，在地缘上，云南与缅甸直接接壤，与孟加拉国和印度毗邻，在中国的沿边开放中扮演着重要的角色；其次，20世纪90年代以来，云南作为中国参与大湄公河次区域合作、孟中印缅地区论坛的主体已经积累了相对较多的经验；最后，云南与缅甸、印度已经具备了深厚的合作基础。在贸易方面，印度一直以来都是云南在南亚最大的贸易伙伴，双方的贸易结构较好地实现了互补；孟加拉国则是云南在南亚的第二大贸易伙伴；缅甸也已成为云南在东南亚最大的贸易伙伴。1988年以来，在中缅关系不断深化背景下，云南在中国与缅甸的经济合作中扮演着举足轻重的角色。在教育合作方面，云南在缅甸和孟加拉国都建立了孔子学院和孔子课堂，印孟缅三国赴云南的留学生也不断增多。

另一方面，在孟中印缅区域国家间互信不足的情况下，次国家行为主体云南比作为孟中印缅经济走廊建设的国家行为主体具有更大的灵活性和便利性，因此，云南作为次国家行为主体能够率先在互联互通、非传统安全问题治理等领域参与孟中印缅经济走廊建设，并得到早期收获。因此，在孟中印缅经济走廊建设过程中，有必要将云南作为我国参与孟中印缅经济走廊建设的主体省份并赋予参与经济走廊的相应权限。①

---

① 参见邵建平、刘盈《孟中印缅经济走廊建设：意义、挑战和路径思考》，《印度洋经济体研究》2014 年第 6 期。

孟中印缅经济走廊建设的基础条件与制度障碍分析

2013 年 5 月，李克强总理访问印度期间正式提出共建孟中印缅经济走廊（BCIM – EC），该合作倡议很快得到了印度、缅甸和孟加拉国的积极响应。截至目前，孟中印缅四国在延续原有"孟中印缅地区合作论坛"机制的基础上，已召开了两次"孟中印缅经济走廊联合工作组"会议，对开展经济走廊"早期收获"项目等进行了富有成效的讨论和研究。近年来，"一带一路"战略以及亚洲基础设施投资银行、丝路基金等均给孟中印缅经济走廊建设带来了新的发展机遇。与此同时，由于历史及政治等因素的影响，在孟中印缅经济走廊建设中也存在着诸多挑战和问题：中印两国之间因政治互信不足导致"关键大国"角色缺失，缅甸大选后新政府的对外政策发生变化等，都给孟中印缅经济走廊建设带来了一定的不确定性。此外，四国区域合作机制的不完善和制度化水平不高也是进一步深化合作必须突破的主要瓶颈。

（一） 孟中印缅经济走廊建设的基础与进展

孟加拉国、中国、印度、缅甸四国毗邻地区是世界上相互交往最早、合作历史最长的地区之一，开展区域经济合作的区位和经济互补优势明显。早在 20 世纪 90 年代，中国学术界就提出了开展中印缅孟地区经济合作的构想，并得到印度、缅甸和孟加拉国学术界的积极响应。在中方的积极倡导和四国的共同努力下，四国逐步形成了"一轨主导，多轨并进"的合作机制，四国合作共识不断增多，经贸合作日益深化，在互联互通、能源、农业、旅游、人文等领域合作取得诸多重要进展，为进一步深化合作奠定了坚实的基础。

1. 合作机制、平台逐步形成

孟中印缅地区经济合作机制平台经历了一个不断成长的过程。改革开放以来，中国全方位、多层次、宽领域开放体系构建不断加快，与印度、缅甸、孟加拉国三国的经济技术合作和人员往来显著增多。云南省委、省政府也不失时机地确立了建设中国连接东南亚南亚国际大通道的发展目标。在此背景下，云南学术界在 20 世纪 90 年代末提出了中印缅孟地区经济合作的构想，并得到了印度、缅甸、孟加拉国三国学者及相关各国的积极响应。1999 年 8 月在昆明召开的首届"中印缅孟地区经济合作与发展国际研讨会"，宣告四国经济合作的正式启动。随后的历次论坛由孟中印缅四国轮流主办，并先后发表了《中印缅孟地区经济合作第四届会议声明（仰光）》（2003年）、《孟中印缅地区经济合作论坛昆明合作声明》（2004年）、《孟中印缅地区经济合作论坛德里声明》（2006年）、《孟中印缅地区经济合作论坛达卡声明》（2007年）、《孟中印缅地区经济合作论坛内比都声明》（2009年）、孟中印缅地区经济合作论坛《关于推进孟中印缅地区合作的联合声明》（2011年）。2011年召开的第九次会议，"孟中印缅地区经济合作论坛"正式更名为"孟中印缅地区合作论坛"，并首次明确提出"重点构建昆明—曼德勒—达卡—加尔各答增长走廊"的概念设想。2012年论坛第十次会议在印度加尔各答召开，会上发表了《加尔各答联合声明》。2013年论坛第十一次会议在孟加拉国达卡召开，并发表了《孟中印缅地区经济合作论坛联合声明》。2015年论坛第十二次会议在缅甸仰光举行，会议通过了《仰光联合声明》，四方就促进区域内贸易及交通便利化，通过减贫项目推动地区可持续发展，定期举办孟中印缅汽车集结赛，共建孟中印缅旅游圈构想，举办四国媒体采风行等内容达成了共识。

截至目前，孟中印缅地区合作论坛已在四个国家轮流举行了共十二次会议，参会人员从最初的只有学者参加，发展为有政府官员、学术界、企业界共同参与的，"政府主导、多轨并行"的"准一轨"会议，论坛所关注的问题也从最初的四个方面，拓展到贸易、投资、通信、农业、教育、科技、文化等多个领域。

2004 年在昆明举办的第五次论坛会议上还专门成立了孟中印缅地区经济合作论坛办公机构，该机构作为联系四国的常设机构，为孟中印缅地区经济合作论坛框架内的活动提供了组织、技术和信息保障，使合作机制更加稳定和富有成效。2012 年 2 月在孟中印缅地区经济合作论坛第十次会议上，孟中印缅四国同意成立孟中印缅商务理事会，共同推动地区间的经济合作。2015 年 6 月，由云南省工商联牵头，孟中印缅四国 14 家商会、协会代表在昆明召开协商会，讨论了建立孟中印缅经济走廊商会合作机制的有关问题。与会代表一致同意，共同发起建立孟中印缅经济走廊商会合作联盟，并于 2016 年召开合作联盟第一次会议。此外，云南与印度西孟加拉邦、昆明与加尔各答、云南与缅北等也建立了合作机制。这使本地区的合作机制日益完善，合作内容与形式也更加丰富。

2013 年 10 月 22 日至 24 日，时任印度总理辛格对中国进行了回访，中印发表了《中印战略合作伙伴关系未来发展愿景的联合声明》，其中强调：根据两国领导人达成的共识，双方已就孟中印缅经济走廊倡议分别成立工作组。2013 年 12 月 18 日至 19 日，孟中印缅经济走廊联合工作组第一次会议在昆明召开，四国政府高官和有关国际组织代表出席。会议就经济走廊发展前景、优先合作领域和机制建设等进行了深入讨论，就交通基础设施、投资和商贸流通、人文交流等具体领域合作达成广泛共识。各方签署了会议纪要和孟中印缅经济走廊联合研究计划，初步建立了四国政府推进孟中印缅合作的机制。

与此同时，云南作为中国参与孟中印缅地区经济合作的主体，积极发挥区位优势，努力推动合作机制与平台的建设；相继推动了中国—南亚博览会、中国—南亚商务论坛、中国—南亚智库论坛、昆明与加尔各答合作论坛、中国（云南）与缅甸合作论坛、中孟合作论坛等会议的召开，为孟中印缅经济走廊建设奠定了重要的机制与合作平台建设基础。[①]

2. 互联互通取得积极进展

从中方来看，近年来，云南以公路、铁路、民航、航运等交通基础设施建设为重点，着力建设与周边国家和内地省区市的综合立体交通体系互联互通工程。公路方面，目前已经形成了"七入省""四入境"的公路路网大通道；铁路方面，在建

---

① 参见陈利君《孟中印缅经济走廊与"一带一路"建设》，《东南亚南亚研究》2015 年第 1 期。

或筹建滇藏、成昆、贵昆、南昆、云桂、内昆、渝昆铁路和沪昆高铁八条国内铁路线以及通往东南亚南亚国家的中越铁路、中老泰铁路、中缅铁路、中缅印铁路四条国际铁路，"八入省、四出境"的铁路网络布局雏形已成；航运方面，正打造"两入省三出境"的水运通道，中缅伊洛瓦底江水陆联运也已提上议事日程；[①] 民航方面，2012 年 6 月，我国第四大门户枢纽机场——昆明长水国际机场开航运营，标志云南在沟通东南亚南亚和连接欧亚方面枢纽作用日益增强。

通航是孟中印缅经济走廊最先启动的领域。2000 年首架民用包机从昆明飞赴印度首都新德里；2002 年 4 月 1 日，中国东方航空云南公司开通昆明—曼德勒航线；2005 年 5 月，东方航空正式开通北京—昆明—达卡国际航线；之后，又开通了昆明—加尔各答航线和昆明—仰光航线，至此中国至孟加拉国、印度、缅甸三国都有航线开通。公路方面，昆明—瑞丽—皎漂、昆明—腾冲—雷多国际公路云南境内段全部实现高等级化，昆明至曼谷高等级公路全线贯通。昆明—瑞丽、保山—腾冲的高速公路已建成通车，保山腾冲—缅甸密支那的二级公路也建成通车。铁路方面，中越铁路境内段、昆广复线、贵昆铁路六沾二线已建成投入运营，昆明新火车

---

① 云南省交通运输厅：《建设"桥头堡"交通打先锋——访省交通运输厅》，http：//www. ynjtt. com/Item. aspx？id＝1112。

站已于 2015 年竣工启用，沪昆高速铁路也将在 2016 年底通车，目前正在积极推进泛亚铁路西线大理—瑞丽等铁路建设。在能源保障网方面，中缅油气管道顺利建成，已向中国输送天然气 40 多亿立方米。在信息网建设方面，云南不断加快国际通信和互联网业务建设，积极打造面向南亚东南亚的通信枢纽和区域信息汇集中心。以上项目的建设提高了本区域的互联互通水平，为孟中印缅经济走廊建设奠定了良好的基础。未来从昆明到加尔各答和达卡经昆明至新德里航线的开通，中缅友谊公路的修建、中缅陆水联运的启动，以及未来各国之间公路、铁路、管道、水运交通线的连接贯通，都有望得到逐步实施。

从整个区域来看，孟中印缅在连接四国的亚洲公路网建设、泛亚铁路网建设和水运航道建设等方面，都表达出了积极意愿并着力推进，同时也在一直推进双边、多边的交通连接。如 2001 年连通印度莫里—德木口岸的"印缅友谊路"的建成通车，2008 年史迪威公路印度段提升等级，2013 年，纵贯加尔各答—达卡—曼德勒—德宏—昆明的首届孟中印缅四国汽车集结赛的成功举办等。目前正在修建和规划的双边联通公路还包括：（1）昆明—实兑线路。云南与实兑之间的公路连接（即）构想已有部分路段作为"亚洲公路网"的组成部分得到认定。通过"亚洲公路"3 号线和 1 号线，昆明已经和曼德勒、仰光连接了起来；（2）吉大港—仰光线路。

孟加拉国和缅甸正致力于修建南向的公路连接。从长远看，这条连接孟缅的南部新公路一旦建成，就可将"亚洲公路"段的曼德勒和仰光连接起来，那么只要昆明—实兑之间的公路建成，就可以实现中缅孟三国的陆路连接。（3）昆明—雷多线路。这些都将为孟中印缅经济走廊建设提供可循的发展通道脉络。

另一个值得关注的趋势是，印度和缅甸两国间的互联互通建设已进入了实质性推动阶段。公路方面，印度、缅甸、泰国三国高等级公路已经在 2015 年底实现试通车。印度帮助缅甸升级公路和修缮桥梁，促进印缅之间的互联互通。[①] 2014 年世界银行向印度米佐拉姆邦公路建设提供 1.07 亿美元无息贷款，用以建设缅甸和印度之间的公路。航运方面，缅甸和印度两国共同开发的加拉丹河及边境跨境公路的水陆联运项目也已经于 2014 年完成。航空方面，印度不仅持续增加各大城市与缅甸的航班，还开通了印度东北部飞往缅甸的航班，2014 年 6 月 27 日，缅印两国航空公司达成协议，开通印度东北部的曼尼普尔邦首府因帕尔至缅甸曼德勒的航班。此外，缅甸和印度还拟加强两国在光纤网络联通方面的建设[②]。

---

① 李昕：《印度与缅甸互联通探析》，《南亚研究》2014 年第 1 期。

② 殷永林：《21 世纪以来印度与缅甸经济关系发展研究》，《东南亚纵横》2015 年第 4 期。

孟中印缅毗邻地区公路连接现状如下。

(1) 中国昆明—缅甸仰光路段

具体途径昆明—楚雄—大理—瑞丽—木姐—腊戍—曼德勒—密铁拉—内比都—仰光。

中国境内，昆明至瑞丽将全线建成高速公路。目前，昆（明）楚（雄）、楚（雄）大（理）、大（理）保（山）和保（山）龙（陵）已分段建成高速公路并通车。另外，在建中的龙（陵）瑞（丽）高速公路全长 128.46 公里，瑞丽至陇川章凤镇高速公路总里程为 24.26 公里。

缅甸境内，木姐至曼德勒的路线总长 451 公里，是全年可通车的两车道沥青路。全长 572.93 公里的曼德勒—仰光高速路也分两阶段建成通车，分别是 2009 年 3 月通车的"仰光—内比都"段（355.67 公里）和 2012 年 12 月建成通车的内比都—曼德勒段（217.26 公里）。

除此之外，中国临沧市孟定清水河口岸至缅甸登尼（全长约 98 公里）的二级公路已于 2012 年全面开工建设。该公路已列入中缅瑞（丽）皎（漂）高速公路联络线。

(2) 缅甸木姐—印缅边境德穆路段

具体途径木姐—腊戍—曼德勒—蒙育瓦—葛礼瓦—德穆。

亚洲开发银行提供贷款的连接印度东北部曼尼普尔和缅甸德穆、曼德勒的公路已进入评估阶段。① 从曼德勒到缅甸西部边境与印度接壤的德穆公路全长 604 公里，有两条路线可从曼德勒至葛礼瓦。其中，从曼德勒至蒙育瓦有铁路和公路相通，距离大约为 92 公里，此后乘船沿钦敦江北上至葛礼瓦，再由葛礼瓦沿公路北行至曼德勒，该路段路况相对较好。另外一条从曼德勒向北经瑞保、金乌再转西向至葛礼瓦全长 314 公里的公路，路况则较差。印度援建的从葛礼瓦到德穆的柏油路也早在 2000 年底就已贯通。

(3) 中国昆明—印度雷多路段

具体途径昆明—保山—腾冲—猴桥黑泥潭—密支那—班绍山口—雷多。

该路段就是修于二战期间并投入使用的著名的史迪威公路。路线全长 1200 公里，其中中国境内路段约占 45%，路况较好。全长为 63.871 公里的保（山）腾（冲）高速公路（除龙江特大桥外）已于 2013 年 2 月 6 日实现贯通放行，该路段为双向四车道，设计时速为 80 公里。全长为 200 公里的腾冲至缅甸密支那公路早在 2007 年 4 月 25 日就举行了通车典礼。

---

① 《缅甸道路基础设施亟待升级》，人民网，http：//www. people. com. cn/24hour/n/2013/1028/c25408 – 23342594. html。

具体途径缅甸的甘拜地、文莫、沃冲、拉派、昔董、五台山、赛罗、曼门、瓦晓、外莫和密支那。[①] 这条道路是中国通往印度的最便捷路径。由于缅甸密支那至印度雷多 402 公里的部分路段路况较差，缅甸方面正在提升改造这一路段。

（4）孟加拉国吉大港—缅甸仰光—中国昆明路段

孟加拉国吉大港到孟缅边境的台格纳夫的柏油路已开通。2002 年 1 月，孟加拉国开通了最南端的台格纳夫河港，这是孟加拉国与缅甸孟都之间最短距离的河道连接。2007 年孟加拉国和缅甸两国在达卡签署了公路交通合作协议，从达卡经吉大港向东南经缅甸若开邦的实兑港、皎漂港北部，再向北经马圭、曼德勒，可达瑞丽、昆明，向南可至仰光。缅甸边境孟都—皎道（105 公里）的公路已经修缮完成，仰光和府实兑之间的公路也在修建之中。

（5）印度—孟加拉国路段

"亚洲公路"在印度境内段的状况相对较好，几乎全路段都铺设了两车道或者两车道以上的路面。从因帕尔到道基/塔马比尔起始的"亚洲公路"印度段经过蒂马浦、瑙贡、高哈

---

① 《腾冲－密支那公路通车 昆明今年握手印度》，云南信息港，http://news.yninfo.com/yn/jjxw/200708/t20070813_310112.htm。

蒂到梅加拉亚邦的西隆。其中经过卡里姆甘吉（印度）和奥斯特拉各拉姆（孟加拉国）两地、从因帕尔至锡尔赫特的这条路线较短，已得到印度和联合国亚太经社会的认定。孟加拉国境内从道基（印度）、塔马比尔（孟加拉国）到锡尔赫特及延伸路段都按"亚洲公路"Ⅱ级和Ⅲ级标准建成了双车道沥青路。其中经过贾木纳河上新建成的邦噶邦德大桥后，"亚洲公路"便分成 A1 线和 A2 线。A1 线朝西南方向经贝纳普尔可至加尔各答。[①]

孟中印缅毗邻地区铁路连接现状如下。

虽然"泛亚铁路"承担着孟中印缅四国主要铁路的运输连接的作用，但还尚未连接成网络。印度和孟加拉国历史上已有铁路连接，目前还未被充分利用。缅甸现阶段还未与中国（云南）、印度和孟加拉国建立铁路连接。但在"泛亚铁路"框架下有一系列项目正在孟中印缅诸国实施。

（1）中国境内

拟建昆明—曼德勒铁路连接。该路线途径大理、保山、瑞丽（木姐）、腊戍。从昆明至大理的路段已按标准轨距修建完成并运营。2014 年 9 月，国家发改委同意对新建大理至瑞丽

---

① 〔孟〕M. 拉马图拉：《推进孟中印缅交通连接及对策建议——孟加拉国的思考》，张林译，邓蓝校译，《东南亚南亚研究》2010 年第 3 期。

铁路建设进行方案调整，调整后的大理至瑞丽铁路正线全长330公里，工期7年，设计时速为每小时140公里。其中，芒市至瑞丽段已实质性开工。

（2）缅甸境内

缅甸境内拟建的"泛亚铁路"始于木姐，南下到东北部的腊戍、曼德勒、马圭和敏布。但从腊戍到与印度接壤的葛礼瓦路段属于米轨，而且葛礼瓦至德穆135公里的路段尚未实现连接。中国铁路工程总公司先后于2011年4月27日和5月27日与缅甸铁道运输部签署了《关于木姐—皎漂铁路运输系统项目的谅解备忘录》和《关于木姐—皎漂铁路运输系统项目谅解备忘录补充约定》，约定由中铁公司组织实施木姐—皎漂铁路运输系统项目。远期还将建设昆明—腾冲—缅甸密支那的北线铁路。①

（3）印度境内

印度东北部铁路网中唯一未连接的部分是德穆至吉利布路段。从吉利布至印度和孟加拉国边境的曼森已开通了米轨铁路。而拉姆丁—西尔查—吉利布等路段正在实施轨距改建工

---

① 谢岚、常青：《中国中铁承建中缅铁路"大海外"战略再下一城》，《证券日报》2011年6月7日。

程。目前靠近孟加拉国东部的印度特里普拉邦内正在修建一条从库马加到阿加尔特拉的铁路。这条线路在修建之初是按米轨标准设计的，后改用宽轨铺设。

（4）孟加拉国境内

孟加拉国境内铁路唯一未连接的部分是邦噶邦德大桥两侧的双轨矩路段。孟加拉国铁道部正在进行帕巴蒂普至吉安托线路的双轨距标准改建工程。目前印度东北部与孟加拉国之间的"泛亚铁路"米轨段已实现在曼森对面的沙巴杰普尔连接。由此铁路可通过库洛拉和阿加尔塔拉对面的边界点阿豪拉。然而，由于缺乏运输量和过境便利化措施保障，通过曼森的这条线多年来一直处于闲置状态。关于在不远的将来把双轨矩标准铁路建设工程延伸至吉大港的意向性讨论已在进行中。[①]

孟中印缅毗邻地区水路连接现状如下。

虽然云南是内陆省份，但拥有连接湄公河、伊洛瓦底江和红河的三条国际运输通道。其中，澜沧江—湄公河国际航运和伊洛瓦底江中缅陆水联运通道直接把中国与缅甸相连。上湄公河河段连接中老缅泰四国，已于 2001 年实现国际通航。近年来完成航道整治工程改造后，中国境内景洪段与中缅 243 号界

---

① 〔孟〕M. 拉马图拉：《推进孟中印缅交通连接及对策建议——孟加拉国的思考》，张林译，邓蓝校译，《东南亚南亚研究》2010 年第 3 期。

碑之间 71 公里的河道通航能力大幅提高，由原来的 6 级航道升级为 5 级航道，实现了至老挝会晒 331 公里河段的对接，适航船舶吨位也由原来的 100 吨提高至 300 吨。[①] 1989 年缅甸提出中缅陆水联运计划，这一通道从中国昆明经保山、瑞丽至缅甸八莫港陆路，再经八莫港至仰光港水路，最终进入印度洋，全长 2200.3 公里。其中，陆路运输从中国昆明经铁路或公路到大理，之后由公路（远期为铁路）过保山、芒市、瑞丽的南畹河大桥出境进入缅甸，过曼锡县到八莫港，运距为 923.3 公里（其中境内 807 公里，境外 116.3 公里）；水路运输沿伊洛瓦底江从八莫港至仰光港，全长 1277 公里，可全线、全年、全天通航。1996 年中缅两国开始进行联合勘测和规划，两国交通部门签署了多份合作纪要，但种种原因导致《中缅伊洛瓦底江陆水联运协定》未能签署。[②] 此后两国一直没有放弃这一通道，从瑞丽经章凤到八莫的公路也提高了等级。中缅双方开展伊洛瓦底江陆水联运合作，有利于促进两国经济文化建设，特别有利于缅甸沿江经济带增长极的形成，当前中国提出加快"一带一路"和"桥头堡"建设的重大决策部署，计划把云南建设成为连接印度洋、沟通陆上丝绸之路和海上丝绸之

①《澜沧江五级航道建设一期工程竣工 三百吨级船舶可常年通行》，《中国水运报》，http：//www.zgsyb.com/GB/Article/ShowArticle.asp?ArticleID=6737。

②《中国谋求"两洋战略"打通中缅陆水联运大通道》，《南方网－南方都市报》，http：//www.southcn.com/news/china/zgkx/200407300358.htm。

路的枢纽，中缅伊洛瓦底江陆水联运作为其中一项重要工作予以推进与合作的时机和条件已经成熟。

孟中印缅毗邻地区航空连接现状如下。

目前，中国昆明已有至印度加尔各答、孟加拉国达卡、缅甸仰光和曼德勒的直达航线。2011 年 7 月，云南德宏傣族景颇族自治州州府芒市开通了至缅甸曼德勒的航线后，又增添了云南与南亚和东南亚国家间的"空中走廊"数目。① 近年来，中国的其他城市还开通了多条通往南亚和东南亚国家的直达航线，如北京—新德里、上海—孟买、广州—达卡、成都—班加罗尔等。在孟印缅三国间，均开通了首都和重要地区间的航线连接，如达卡—仰光、达卡—新德里和达卡—加尔各答等。

3. 贸易投资合作规模不断拓展

（1）中国（云南）与印孟缅三国的贸易投资

中国和印度是最大的新兴经济体，缅甸和孟加拉国资源丰富，发展潜力可观。近年来，在孟中印缅四国政府及中国—南亚博览会、孟中印缅地区经济合作论坛等机制的推动下，四国经贸合作规模不断扩大，合作领域不断拓宽，合作形式日益多

---

① 《云南芒市至缅甸曼德勒航线开通》，《中国青年报》，http：//news. ifeng. com/gundong/detail_ 2011_ 07/08/7570909_ 0. shtml。

样，相互贸易投资不断增加，陆路、航空、港口与信息通信联系更加便利，人员交流日趋紧密，合作成果日益显著。贸易方面，1999～2014 年，中国与印度、孟加拉国、缅甸的贸易快速增长。1999 年中国与印孟缅三国的贸易额为 32.11 亿美元，2014 年达 1081.25 亿美元，比 1999 年增长了 32.67 倍。同期，中印贸易额从 19.88 亿美元增加到 706.05 亿美元，增长 34.52 倍，中缅贸易额从 5.08 亿美元增加到 249.73 亿美元，增长 48.16 倍，中孟贸易额从 7.15 亿美元增加到 125.47 亿美元，增长 16.55 倍。中国已成为印度和缅甸的第一大贸易伙伴，印度也成为中国在南亚地区的最大贸易伙伴和中国第七大出口市场。同期，云南省与印、孟、缅三国的贸易也不断增加（见表 2 - 1），1999 年云南与印、孟、缅的贸易额分别为 2761 万美元、195 万美元、29952 万美元，2013 年分别上升为 56377 万美元、13712 万美元、41.7 亿美元，印度、缅甸、孟加拉国都已成为云南省重要的经贸合作伙伴。①

与此同时，四国相互投资和工程承包也有了较快增长。截至 2012 年年底，中方企业在南亚国家累计签订工程承包合同额 1064 亿美元，累计完成营业额 701 亿美元。中国在南亚国家非金融类直接投资存量近 40 亿美元，南亚国家累计在华实际

---

① 参见陈利君《孟中印缅经济走廊与"一带一路"建设》，《东南亚南亚研究》2015 年第 4 期。

表 2 - 1 中国（云南）与孟、印、缅贸易额统计（2010～2014 年）

单位：亿美元，%

年份	中国与孟印缅		云南与孟印缅	
	贸易额	增长	贸易额	增长
2010	734.63	44	25.63	46
2011	886.78	21	30.52	19
2012	818.95	-7.6	28.01	-8.2
2013	858.75	4.8	48.6	73.5
2014	1081.25	26	76.99	58.4

资料来源：中华人民共和国商务部亚洲司数据库，http://yzs.mofcom.gov.cn/date/date.html；云南省商务厅规财处；相关年份的《云南统计年鉴》。

投资近 7 亿美元。2012 年中国对南亚国家非金融类直接投资近 4 亿美元，比上年增 39%，南亚国家对华实际投资 5002 万美元，涉及项目 158 个。

（2）中国（云南）与孟加拉国的双边贸易投资

目前，中国已经成为孟加拉国最大的贸易伙伴，孟加拉国也已成为中国在南亚的第三大贸易伙伴。中国从孟加拉国进口的商品主要有：黄麻和黄麻制成品、皮革及皮革制成品、棉纺织制品、鱼虾类食品、聚氯乙烯等原料性商品。中国向孟加拉国出口的商品主要有：纺织品、机电产品、水泥、化肥、轮胎、生丝、玉米等。据中国海关总署提供的统计数据显示，孟中两国双边贸易总额已从 2006 年的 30 多亿美元增长到 2012 年的近 90 亿美元，2013 年双边贸易额突破

100 亿美元。[①] 2014 年两国贸易额达到 125.47 亿美元，同比增长 21.98%。与此同时，孟加拉国既是中国在南亚开展承包工程和劳务合作业务的传统市场，也是中国的主要受援国之一。据中国商务部统计，2013 年中国企业在孟加拉新签合同额 12.42 亿美元，派出各类劳务人员 1382 人，年末在孟加拉国劳务人员 2246 人。

随着两国政经关系的日益深化，中孟双向投资均出现可喜增长，领域也日渐拓宽。截至 2012 年，中国在孟加拉国累计签署承包工程合同额达 88.84 亿美元，累计完成营业额达 87.64 亿美元；中国对孟加拉国非金融类直接投资存量为 1.21 亿美元，孟加拉国对中国的实际投资为 4048 万美元。中国已成为孟加拉国主要的外资来源国，主要以独资或者合资形式，集中于出口加工区，涉及纺织、成衣、皮革、轻工业、农产品和黄麻制品制造等领域，中国对孟加拉国的通信和服务行业投资也呈现较快增长。同时，孟加拉国也在中国广东、浙江等地增加投资。[②]

孟加拉国是云南在南亚的第二大贸易伙伴，且双边贸易额仍呈现出较快发展态势（见表 2 - 2）。1996 年云南与孟加拉国

①　《借力南博会 云南与孟加拉国交往天地广阔》，《昆明日报》，http：//news. yninfo. com/yn/jjxw/201306/t20130611_ 2073436. htm。

②　《中孟双面经贸关系》（*Bilateral Economical - Commercial Relations*），孟加拉国驻中国大使馆，http：//www. bangladeshembassy. com. cn/。

表 2 - 2　中国（云南）与孟加拉国贸易额（2003～2013 年）

单位：亿美元，%

年份	中孟贸易总额	同比增长	滇孟贸易总额	同比增长
2003	13.68	24	0.28	33
2004	19.63	43	0.51	82
2005	24.81	26	0.74	45
2006	31.89	29	0.65	- 12
2007	34.59	8	0.51	- 22
2008	46.8	35	2.19	329
2009	45.82	- 2	1.45	- 34
2010	70.59	54	1.25	- 14
2011	82.6	17	1.4	12
2012	84.51	2.30	0.7084	- 51.40
2013	103.08	21.98	1.3712	93.50

资料来源：根据《孟中印缅地区合作论坛通讯》2012 年第 2 期统计数据、中华人民共和国商务部网站数据、云南商务厅数据整理得出。

的贸易额不足 20 万美元，2013 年云南与孟加拉国贸易额比 2012 年增长 93.5%，达到 1.3712 亿美元。云南向孟加拉国出口的主要商品有：磷化工产品、纺织品、水泥、机械设备、轻工业品、粮油食品等。从孟加拉进口的商品主要有：牛马皮革、海产品、尿素及黄麻等。但在投资与经济技术合作方面，云南与孟加拉国还处于起步阶段。截至 2011 年 12 月，孟加拉国在云南有 5 个直接投资项目，合同利用外资 11 万美元，实际投资 1 万美元。而云南尚未在孟加拉国开展投资和承包工程项目。①

---

① 查朝登：《云南省与孟加拉国、印度和缅甸经贸合作及 BCIM 合作论坛的发展》，《孟中印缅地区合作论坛通讯——BCIM 论坛第十次会议选集》，2012。

（3）中国（云南）与印度的双边贸易投资

在孟中印缅地区贸易中，中印贸易额占地区贸易总额的80%左右。中国对印度出口的主要商品有：机电产品、化工产品、纺织品、塑料及橡胶、陶瓷及玻璃制品等。中国自印度进口的主要商品有：铁矿砂、铬矿石、宝石及贵金属、植物油、纺织品等。2013年，中印双边贸易额超过650亿美元。中印经济领域的合作也不断得到拓展。印度是中国重要的海外工程承包市场。中国在印度签订的承包工程合同额从2007年的45.6亿美元增长到2011年的140.6亿美元，完成营业额也从2007年的19.9亿美元增加到2011年的74.4亿美元。截至2012年年底，中国在印度累计签订工程承包合同额601.31亿美元，完成营业额335.18亿美元；经商务部批准或备案的中国对印度非金融类直接投资金额为7.25亿美元，而印度对中国投资的非金融类项目达800个，实际投资达4.86亿美元。①

目前，滇印贸易在云南的130多个国家和地区贸易伙伴中增长最快。印度已成为云南的第四大贸易伙伴和最大的南亚贸易伙伴。双边经贸合作以贸易为主，且呈逐年增长态势（见

---

① 参见陈利君《孟中印缅经济走廊与"一带一路"建设》，《东南亚南亚研究》2015年第4期。

表 2 - 3）。2000～2011 年间，云南从印度的进出口贸易额从 4500 万美元增长到 8.42 亿美元，增长了近 18 倍。2013 年，滇印贸易额为 5.6377 亿美元，比 2012 年增长 22.3%。多年以来，云南向印度出口的主要商品有：黄磷、磷酸、磷化工初级产品、有色金属（铅锭、铅锌）、猪鬃、棕榈油、香料油、日用品等。云南从印度进口的商品主要有铁矿砂、氧化铝、铬化铝、锌矿砂、宝石、蓖麻油等。近年来，随着双边贸易额的增长，在原有进口商品规模持续扩大的基础上，云南向印度增加了卷烟、聚氯乙烯、其他环烷烃、

表 2 - 3　中国（云南）与印度贸易额（2003～2013 年）

单位：亿美元，%

年份	中印贸易总额	同比增长	滇印贸易总额	同比增长
2003	75.95	54	0.61	5
2004	136.04	79	1.23	102
2005	187.03	37	1.25	2
2006	248.61	33	1.4	12
2007	386.47	55	3.33	138
2008	517.8	34	5.86	76
2009	433.81	-16	3.79	-35
2010	617.6	42	6.78	79
2011	739.18	20	8.42	24
2012	664.72	-10.06	4.6092	-45.30
2013	654.17	-1.50	5.6377	22.30

资料来源：根据《孟中印缅地区合作论坛通讯》2012 年第 2 期统计数据、中华人民共和国商务部网站数据、云南商务厅数据整理得出。

高锰酸钾等出口商品，向印度增加了铜锍、沉积铜以及 X 射线应用设备等进口商品。

（4）中国（云南）与缅甸的双边贸易投资

自 20 世纪 80 年代以来，中国一直是缅甸的重要贸易伙伴。近年来，两国经贸合作取得长足发展，合作领域从最初的单纯贸易和经济援助扩展到工程承包、投资等领域，双边贸易额逐年增长。中缅贸易额从 2001 年的 6.32 亿美元增加到 2012 年的 69.7 亿美元。2014 年中缅双边贸易额达 249.7 亿美元，同比增长 144.9%，其中中方出口额 93.7 亿美元，同比增长 27.7%，进口额 156 亿美元，同比增长 446.2%。中国出口到缅甸的商品主要有：成套的设备、机电产品、纺织品、摩托车配件、化工产品等，向缅甸进口的主要商品有：原木、锯材、农产品和矿产品等。缅甸是中国在东盟地区的重要工程承包市场和投资目的地，中国还是缅甸最大的外资来源国。截至 2012 年，中国企业对缅甸直接投资存量为 23.7 亿美元，缅甸企业对中国累计直接投资 1 亿美元。[①]

近年来，缅甸已成为云南在东盟最大的贸易伙伴，也是云南主要的对外经济技术合作市场。双边贸易额从 2001 年的

---

① 参见陈利君《孟中印缅经济走廊与"一带一路"建设》，《东南亚南亚研究》2015 年第 4 期。

3.93 亿美元增加到 2011 年的 20.7 亿美元（见表 2 - 4）。① 据
缅甸边贸局数据显示，2012 年 4 月至 2013 年 3 月，缅甸与云
南接壤的四个主要边贸口岸（木姐、甘拜地、清水河和拉扎）
的边贸额约为 29 亿美元，约占缅甸边贸总额的 83%。云南向
缅甸进口的商品主要有：机电产品、纺织服装、钢铁制品、石蜡、

表 2 - 4　中国（云南）与缅甸贸易额（2003 ~ 2013 年）

单位：亿美元，%

年份	中印贸易总额	同比增长	滇缅贸易总额	同比增长
2003	10.77	25	3.2	- 21
2004	11.45	6	6.32	98
2005	12.9	13	5.51	- 13
2006	14.6	13	6.92	26
2007	20.57	41	8.74	26
2008	26.26	28	11.93	36
2009	29.07	11	12.27	3
2010	44.44	53	17.6	43
2011	65	46	20.7	18
2012	69.72	7.20	22.71	9.70
2013	101.5	45.60	41.7	83.60

资料来源：根据《孟中印缅地区合作论坛通讯》2012 年第 2 期统计数据、中
华人民共和国商务部网站数据、云南商务厅数据整理得出。

---

① 《李纪恒会见缅甸客人》，《云南日报》，http：//yn.yunnan.cn/html/2014 -
　06/05/content_ 3235340.htm。

农产品、建材、五化、食品饮料和矿产品等。随着我国在缅甸的水电项目相继建成投产以及中缅油气管道的投入运营，滇缅贸易格局将会出现较大幅度的调整，水电和油气将在缅甸出口云南商品的贸易额中占到较大比重。与此同时，云南与缅甸的投资和经济技术合作也日益升温。截至 2011 年 12 月，云南在缅甸的投资项目多达 28 个，合同投资额为 84.6 亿美元，实际投资 7.9 亿美元，主要涉及水电站建设、矿产资源开发及农业合作领域。双边签订的电站、路桥等基础设施承包工程合同金额为 25.8 亿美元，完成营业额 18.3 亿美元。缅甸在云南的主要投资领域涉及制造业、房地产、农业和社会服务业等，投资项目多达 127 个，合同投资额为 8237 万美元，实际投资是 5372 万美元。

4. 能源合作成效显著

（1）中国和孟加拉国的能源合作

中国和孟加拉国在过去 20 多年的时间里已开展了涉及电力、煤炭开采、油气开发等领域的多个项目工程。早在 1992 年，由中国东北三公司承建竣工的吉大港 21 万千瓦发电厂就已成为当时孟加拉国最大的发电厂之一。1994 年 2 月正式签署的、由中国机械进出口总公司承建的合同金额为 1.95 亿美元的巴拉普库利亚煤矿工程在 1996 年 6 月正式开工，是当时中国在海外的最大煤矿工程和承包的大型交钥匙工程之一。2001 年 7 月，由中国机械进出口总公司、上海电气总公司和深圳中机能源公司组成的联合体共同承建的巴拉普库利亚燃煤电站项目正式签约，合同金额达 2.2 亿美元。[①]

近年来，中国公司在孟加拉国能源合作项目的国际竞标中表现积极，而且中标可能性随着双边经贸合作的深化以及政治关系的紧密越来越大。孟加拉国希莱特天然气有限公司（SGFL）的 "Rashidpur 凝析油分馏厂" 和 "Kailashtilla 天然气处理厂" 两项交钥匙工程国际招标项目分别于 2006 年 12 月和 2007 年 1 月授予中石化国际事业有限公司，项目金额合计为 2900 万美元。[②] 2008 年 2 月，中国水利水电建设集团公司通过公开招标，中标吉大港地区造价约 8200 万美元的 15 万千瓦电站项目。[③] 2009 年 8 月 27 日，上海电气电站集团中标 Sylhet150 MW，造价约 9715 万美元的单循环燃气电站项目。[④]

---

① 《中国在孟加拉国承建煤炭工业项目开工》，新华网，http：//news. xinhua-net. com/world/2003－04/24/content_ 847563. htm。

② 《中石化两项目在孟中标》，中华人民共和国驻孟加拉人民共和国大使馆经济商务参赞处，http：//bd. mofcom. gov. cn/aarticle/jmxw/200703/2007030445 5823. html。

③ 《中国水利水电建设集团公司中标孟吉大港地区 15 万千瓦电站项目》，孟加拉国《金融快报》，http：//www. mofcom. gov. cn/aarticle/i/jyjl/j/200802/20080205389194. html。

④ 《上海电气中标孟加拉电站项目》，北极星电力网新闻中心，http：//news. bjx. com. cn/html/20090831/225727. shtml。

除此之外，中国还在孟加拉国承建过东方炼油厂码头以及输变电项目等。

2010 年 3 月 17 日至 21 日在孟加拉国总理哈西娜对中国进行国事访问期间，哈西娜总理强调了中方在电力等能源领域的合作对孟经济社会发展发挥了重要作用，并将继续寻求中国对孟在电站建设项目等方面的能源合作。同时，双方还签署了油气合作谅解备忘录，为中孟进一步的能源合作奠定了坚实基础。

（2）中国和缅甸的能源合作

中国和缅甸的能源合作涉及领域广泛，两国在水利水电开发、电力互联互通、油气资源管道互联互通方面都开展了卓有成效的合作。在水电站建设和发电设备供应方面，2003 年，中缅签署了装机容量为 40 万千瓦、合同金额为 1.5 亿美元的瑞丽江水电站项目。2005 年，云南省机械设备进出口公司再次与缅甸签署电力设备供应合同协议。1999 年由云南省机械设备进出口公司与缅甸电力部合作共同建设、2005 年建成投产的邦朗电站是当前缅甸最大的水电站，装机总容量占缅甸全国总量的 1/4。2006 年 2 月 14 日至 18 日，时任缅甸总理梭温访问中国期间，签署了邦朗水电站二期工程相关协议等 8 个文件。2007 年，中国电力投资集团与缅方达成建设两座水电站的协议。2007 年，中国大唐集团公司与缅甸政府签署了在缅北克钦邦建设 9 坐电站的协议。2008 年 2 月 27 日，中国电力投资集团与缅甸第一电力部水电建设司在缅甸内比都签署了装机容量为 9.9 万千瓦的《施工电源电站合同》。① 2008 年 3 月 23 日，由中国重型机械总公司与缅甸电力部水电局签订合同、中国公司负责项目设计（含土建）、制造、运输、现场指导安装和调试的位于缅甸勃固省的 KABAUNG 水电站正式投入商业运营。2009 年 8 月 4 日，中国葛洲坝集团国际工程有限公司与缅甸农业部灌溉司签署关于承建缅甸马圭省敏达水电站协议。该协议总额 1470 万美元，由缅方自筹资金，电站装机容量为 4 万千瓦。2010 年 2 月 11 日，中国华能澜沧江水电有限公司、缅甸 HToo 公司与缅甸电力一部水电规划司在缅甸共同签署了仰光燃煤火电厂项目开发权谅解备忘录。该电站预计装机 27 万千瓦，由中缅双方按 BOT② 方式投资开发。③ 2012 年 3 月 31 日，由我国广东珠海新技术有限公司承建的缅甸马圭省吉荣吉

---

① 《中国电力投资集团公司与缅甸第一电力部签署施工电源电站合同》，中国驻缅甸大使馆经商处，http://mm.mofcom.gov.cn/article/zxhz/sbmy/200802/20080205405352.shtml。

② BOT 是 Build - Operate - Transfer 的缩写，意为建设 - 经营 - 转让。是私营企业参与基础设施建设，向社会提供公共服务的一种方式。我国一般称之为"特许权"，是指政府部门就某个基础设施项目与私人企业签订特许权协议，授予签约方承担该项目的投资、融资、建设和维护，在协议规定的特许期限内，这个私人企业向设施使用者收取适当的费用。调控权，特许期满，签约方的私人企业将该基础设施无偿或有偿移交给政府部门。

③ 《华能澜沧江与缅甸签署首个外国投资火电项目》，中国驻缅甸大使馆经商处，http://www.mofcom.gov.cn/aarticle/i/jyjl/j/201002/20100206787687.html。

瓦水电站（又称 KK 电站）正式落成。

进入 21 世纪以来，中缅在油气方面的合作取得实质性进展。2004 年 10 月中国海洋石油总公司与缅甸国家石油天然气公司签署了开发缅甸 M 区块陆上石油气产品分成合同。2005 年中国石油化工集团公司云南滇黔桂石油勘探局同缅甸天然气公司签署了开发伊洛瓦底江盆地 D 区块的风险勘探开发合同。[①] 2013 年 7 月中缅油气管道投产通气，该项目已经成为中印缅三国在能源领域成功合作的范例。

（3）中国和印度的能源合作

中国和印度的能源合作始于 20 世纪 80 年代后的能源产品贸易，主要是中国向印度出口煤和焦炭。1991 年印度实行经济改革后，中印能源合作规模逐渐扩大，领域日渐拓宽。目前，中印能源合作形式主要包括共同开采石油、联合竞购、购买能源设备、相互投资参股、签署合作协议和进行电力工程承包等。

油气开采和签署合作协议方面，2012 年 6 月，中国石油天然气集团公司与印度国有油气公司签署了联合在海外开采油气资源的协议。根据协议内容，印度国有油气公司的海外投资子公司（ONGC Videsh Ltd.）将携手中国石油天然气集团公司

①　陈利君等：《孟中印缅能源合作与中国能源安全》，中国书籍出版社，2009，第 77 页。

在缅甸铺设一条岸上天然气输送管道。① 此前，双方已分别在叙利亚和苏丹共同持有 36 块油气田权益和大尼罗河石油项目权益。除此之外，中印在苏丹共同开发的 Malut 油田项目等成功案例，成为降低成本、提高效益和技术交流的双边能源合作典范。在伊朗，印度石油和天然气公司与中国石油化工集团公司共同开采亚达瓦兰（Yadavaran）油田，其中中国公司控制该油田 50% 的份额，而印方控制 20% 的份额。在俄罗斯，中印两国石油公司分别与俄罗斯国家石油公司展开油气合作。在哈萨克斯坦，印度石油和天然气公司表示愿意参与修建中哈石油管道。② 联合竞购方面，2006 年 8 月，中国石油化工集团公司与印度国家石油公司以 1:1 的出资比例购得哥伦比亚一石油公司 50% 的股份，中印双方各持所购股份的一半。③ 印度大型贸易公司爱莎国际的原材料进口几乎全部购自中国，其中包括电力设备、能源设施等总计约 50 亿美元的商品和服务。在相互投资参股方面，2005 年 2 月，印度燃气公司同中国燃气控股有限公司签订投资 2.43 亿美元，购买中国燃气控股有限公司 9% 股份的协议。该协议是中印两国上市公司的第一次合作，也是中印在能源下

---

① 《中印将联合开发海外油气》，新华国际，http：//news. xinhuanet. com/world/2012 - 06/21/c_ 123312938. htm。

② 《中印合作：构建亚洲能源新版图》，《经济参考报》，http：//finance. sina. com. cn/roll/20050405/08151487670. shtml。

③ 《中国公司首次投资印度石油天然气行业》，《国际先驱导报》，http：//news. sina. com. cn/c/2007 - 02 - 13/082812304146. shtml。

游行业的第一次联手。2005 年 3 月 14 日，印度石油与天然气部长艾亚尔建议将伊印天然气管道通过缅甸延伸到中国。2005 年 12 月，中印联手以 5.73 亿美元成功收购加拿大石油公司所持有的叙利亚幼发拉底石油公司 38% 的股份，其中印度石油天然气公司与中国石油天然气集团公司各拥有一半比例。① 2007 年 2 月，中印双方再次联手，各持 50% 的股份，在百慕大注册成立"中印能源公司"，这是中国公司首次投资印度的石油天然气行业。借由合资公司，中国燃气控股有限公司也敲开了印度能源市场的大门。② 2010 年 3 月 24 日，山东电力基本建设总公司与印度沃丹特集团在印度签订贾苏古达 3×660MW 电站项目 EPC 总承包合同，合同金额 15 亿美元。2011 年年初，哈尔滨锅炉厂有限公司与山东电力建设第三工程公司成功签署了向印度古德洛尔 120 万千瓦亚临界项目提供锅炉设备的合同。③

5. 农业合作日益密切

（1）中国和缅甸的农业合作

农业合作的表现，一是中国农业部门与缅甸开展了农作

---

① 张保平：《印度为获伊朗能源不惜拉中抗美》，《国际先驱导报》2005 年 3 月 24 日。

② 《"中印能源公司"注册 中国燃气敲开印度市场大门》，《国际先驱导报》2007 年 2 月 13 日。

③ 《哈尔滨锅炉厂出口传捷报 签订印度电力项目》，中国新闻网，http://news.cntv.cn/20110128/103620.shtml。

物品种交换、育种和栽培技术的交流，农业科研技术人员培训，农业科技示范园建设，跨境动物疫病监测站建设等合作内容。二是中国商务部门实施国家替代发展项目，通过"走出去"发展专项资金重点支持企业境外资源开发、农业开发合作等项目，并积极执行商务部境外农业人才培训项目等。三是中国边境州市充分发挥自身优势，与缅甸开展务实农业合作，如临沧市人民政府与缅甸掸邦政府于2012年3月签订了农业合作备忘录，双方将在缅甸掸邦滚弄、老街、户板、贵概、登尼等县和片区开展300万亩的农业综合开发，其中包括100万亩甘蔗、100万亩橡胶、20万亩咖啡及其他经济作物。四是中缅农业科研机构间开展了务实合作，云南省农科院选育的大豆、陆稻、小麦、杂交水稻、马铃薯、甘蔗、花卉等粮经作物品种已被缅甸引进并示范推广。五是中国的农机生产企业和农业企业也已经开始在缅甸从事有关农机制造、作物育种、渔业捕捞和橡胶作物种植等商业开发活动，并通过多种贸易形式将农机、种子、化肥、农药等一些农用生产资料出口到缅甸，特别是手扶拖拉机及其散件，在缅甸市场占有率已超过70%。缅甸也向中国出口包括天然橡胶、木材在内的众多农产品。2013年12月，中缅双方签署了《中国农业部与缅甸畜牧水产及农村发展部关于渔业合作的协议书》，将进一步推进中缅种植业、畜牧业、养殖业及渔业合作。①

（2）中国和印度的农业合作

2006 年 3 月，中印签署了《中印农业合作谅解备忘录》。根据谅解备忘录，中印两国在农业及相关领域开展广泛的合作。为确保备忘录各项条款的实施，双方同意成立中印农业合作委员会，每两年轮流举行一次副部级会议，审议备忘录的执行情况。双方还同意成立司长级联合工作组，负责合作项目的制定、实施及日常管理事务。2013 年 5 月，李克强总理在访印期间，中印两国签署 8 项合作协议，涉及经贸、农业、文化、环保、地方交往等多个领域，中印经贸的合作将直接刺激农业领域的发展。②

（3）中国和孟加拉国的农业合作方面

2010 年 3 月发表的《中华人民共和国与孟加拉人民共和国联合声明》中提出，中孟双方将根据 2005 年签署的《中华人民共和国农业部与孟加拉人民共和国政府农业部农业合作谅解备忘录》，积极开展杂交水稻种植技术、农业机械技术、农

① 《中国农业部副部长访问缅甸》，中华人民共和国驻缅甸联邦共和国大使馆经济商务参赞处，http：//mm. mofcom. gov. cn/article/jmxw/201312/201312 00413263. shtml。

② 《中印八项合作利好农业跨国并购》，中国新闻网，http：//finance. chi-nanews. com/cj/2013/05 – 27/4861717. shtml。

作物种资源交换、农产品加工、农业技术人员培训等领域的合作；加强中孟两国农业科技与管理人员的交流，进一步探讨扩大农业合作的具体途径和方式。① 2014 年 2 月，云南省农村科技服务中心组织省内具有技术和经济实力的企业专家赴孟加拉国提供技术咨询服务，并与孟加拉农业科研单位签署了建立农业科技示范园的合作协议。

6. 人文交流往来频繁

"民心相通"是孟中印缅经济走廊互联互通的重要环节，四国对此都十分重视。

2014 年 5 月，中国和孟加拉国签署了《中华人民共和国政府和孟加拉人民共和国政府文化合作协定 2014 年至 2017 年执行计划》。中孟双方表示，将以签署新的双边文化执行计划为契机，进一步加强两国在文化艺术、青年体育、教育、广播影视及媒体等领域的交流合作，不断充实两国全面合作伙伴关系的内涵。② 2014 年，中国和印度共同举办了"中印友好交流年"以及"和平共处五项原则"发表 60 周年等纪念活动。中印双方鼓励中国国家汉办与印度中等教育中央委员会加强汉语

---

① 《中华人民共和国与孟加拉人民共和国联合声明（全文）》，新华网，ht-tp：//news. xinhuanet. com/politics/2010 – 03/19/content_ 13205582. htm。

② 《中国与孟加拉国签署文化合作协定新执行计划》，新华网，http：//news. xinhuanet. com/world/2014 – 05/29/c_ 1110913982. htm。

教学合作，加强两国新闻媒体交流与合作。[①] 中国和缅甸两国政府历来高度重视人文交流与合作。根据《中缅两国政府文化交流与合作议定书》，两国大文化范围内高层互访频繁，每年落实具体项目都在 30 项以上。

随着四国合作关系的拓展，航线的开辟，公路、铁路等通道的对接，四国的民间交流日趋活跃，商贸、学术、教育、文化、科技、医疗卫生等合作交流也不断增多。

在 2013 年 12 月由缅甸承办的第 27 届东南亚运动会上，中缅两国在开闭幕式的技术设计、设备支持和运动员培训等方面进行了良好的合作，充分展现了缅甸的体育风采和悠久灿烂的历史文化。中国佛牙舍利四次在缅甸巡礼供奉，成为两国佛教交往史上的佳话。中国和平发展基金会在缅开展的"光明行"慈善医疗项目，累计为 600 多名缅甸白内障患者实施复明手术。中国海军和平方舟医院船赴缅甸提供免费医疗服务，受到各方好评。[②] 2014 年 3 月 26 日至 4 月 6 日，"感知中国"中缅胞波行系列活动在缅甸多地举行，进一步加深了缅甸人民对中国文化的了解，增进了中缅两国人民的友好情谊。[③]

---

① 《中国驻印度大使：中印人文交流无完成时　只有进行时》，中国新闻网，http://www.chinanews.com/gn/2014/05-22/6202209.shtml。

② 《杨厚兰大使在缅甸战略与国际问题研究所的演讲》，中华人民共和国驻缅甸联邦共和国大使馆，http://www.fmprc.gov.cn/ce/cemm/chn/sgxw/t1116347.htm。

③ 《"感知中国"中缅胞波行系列活动举行开幕式》，人民网-华人华侨频道，http://chinese.people.com.cn/n/2014/0403/c42309-24812658.html。

2006 年以来，中印两国青年百人团多次实现互访，有效增进了两国青年的相互往来和了解。中印两国还启动了媒体交流合作，对增进两国新闻传媒界的沟通和两国和平友好舆论环境的塑造产生了积极影响。中印两国在教育领域的合作也取得不断进展，中国在推动印度汉语教学方面做出了积极努力，已经在印度开办了两所孔子学院，而印度中等教育委员会也在 2011 年将汉语列为外语课程。此外，中印佛教界多次派代表互访，促进中印宗教交流。①

云南的高校也吸引了许多南亚国家的学生前来学习，其中大理学院自 2005 年开始招收南亚留学生以来，至 2011 年已招收来自印度、巴基斯坦、尼泊尔和孟加拉国等国留学生 498 名。云南还有许多高校在境外设置了办学点，例如，云南大学在孟加拉国南北大学和缅甸曼德勒外国语大学设立了孔子学院，云南财经大学、昆明理工大学、云南广播电视大学、云南师范大学等高校与孟加拉国、缅甸的高校也签署了一系列合作协议，有力地促进了孟中印缅的人文交流。

7. 跨境旅游初具规模

缅甸已成为许多中国游客向往的旅游目的地之一，许多中

① 许利平：《中印战略合作伙伴框架的现实分析》，《人民论坛·学术前沿》2013 年第 11 期。

国游客选择云南芒市—曼德勒航线到缅甸观光旅游。在缅甸2012 年的入境游客中，中国游客人数排在第二位，约 7 万人次。[1] 印度正在成为中国旅游市场的新兴客源。1990 年印度到中国旅游的人数为 1.43 万人次，2000 年上升到 12.09 万人次，2013 年赴华游客近 68 万人次。[2] 中国公民首站赴印旅游也达到近 14.5 万人次，比上年度增长 6% 以上。[3]越来越多的中国人到孟加拉国旅游经商、购物，或经由孟加拉到迪拜观光游览，往返昆明—达卡的航班几乎都是满载。

近年来，云南省一直将孟中印缅旅游合作作为发展的重点，先后开通了昆明—达卡、昆明—达卡—迪拜、昆明—加尔各答、昆明—曼德勒、芒市—曼德勒空中航线，并与孟加拉国和印度分别签署了《旅游合作谅解备忘录》《旅游合作协议》。印度、孟加拉国、缅甸等国则纷纷到云南参加中国国际旅游交易会等活动，推动孟中印缅旅游业的合作发展。在各方共同努力下，印度赴云南省游客人数已经从 2008 年的25132 人次增加至去年的 51776 人次，成为云南省主要客源国。2012 年，缅甸来华旅游人数约 60 万人次，其中与缅甸

---

[1] 《缅甸 2012 年入境游客人数突破百万　中泰游客最多》，国际在线，http://news.xinhuanet.com/world/2013 – 01/21/c_ 124259947.htm。

[2] 《中国将争取更多印度游客来华旅游》，中国旅游新闻网，http://www.cntour2.com/viewnews/2014/02/05/3Q4pREB8nx1FVuYHMd9X0.shtml。

[3] 《丝路新语：“孟中印缅大旅游圈”呼之欲出》，中国新闻网，http://www.chinanews.com/gn/2014/06 – 08/6255722.shtml。

相邻的云南省是众多缅甸游客的首选。自 2013 年起，每年定期举办的中国—南亚博览会在推动各方商务旅游、会议旅游、观光旅游向纵深发展，助推"孟中印缅大旅游圈"全面发展方面发挥着积极作用。[①] 2013 年 10 月 24 日，云南省旅游发展委员会与孟加拉国国家旅游局签署《加强旅游合作谅解备忘录》，双方将在市场营销、专家互访、旅游宣传材料交流等方面加强合作。[②] 与此同时，进一步完善互为旅游目的地、签署旅游合作协定、推荐旅游线和开展酒店、旅行社合作等工作，共同谋求双方的互惠互利发展，推动旅游合作迈上新台阶。

（二） 孟中印缅经济走廊建设的有利因素

孟中印缅四国同为发展中国家，经济互补性较强；进入 21 世纪以来，随着经济全球化的深入发展，四国关系不断改善，加快开放、加强合作、促进发展、改善民生，已成为相关各国的共同愿望。从当前国际形势和相关各国情况分析，孟中印缅经济走廊建设正面临着前所未有的机遇，合作前景

---

① 《中国拟与周边国家共造"孟中印缅大旅游圈"》，中国新闻网，http：//www.chinanews.com/gn/2013/06 - 06/4903211.shtml。

② 《云南省与孟加拉国签署旅游合作备忘录》，中国新闻网，http：//www.chinanews.com/df/2013/10 - 24/5422041.shtml。

十分广阔。

1. 合作的区位人文优势突出

孟加拉国、中国、印度、缅甸四国毗邻地区是世界上相互交往最早、合作历史最长的地区之一。在中国古代，"南方丝绸之路""茶马古道"早已把孟中印缅四国连接起来，成为中国云南及西南进入南亚地区的便捷通道。在近代，滇缅公路、驼峰航线、史迪威公路、中印输油管道又再次通过中国云南把孟中印缅连接起来，并为世界反法西斯战争胜利做出了重要贡献。

位于四国毗邻地区的孟中印缅经济走廊具有连接东南亚、南亚和东亚、西亚，沟通太平洋、印度洋的区位优势，合作潜力巨大。区域内孟中印缅"山同脉、水同源"，习俗相近，人文相亲，便于沟通。孟中印缅四国共同推进经济走廊建设，建立起互利互惠的战略合作关系，不仅有利于密切双边、多边投资和经济联系，推进这一地区经济合作，而且将促进东南亚、南亚、中国三大区域市场相互融合，进而推动整个亚洲区域内市场的形成，为地区乃至全球的经济增长带来新动力。①

---

① 参见陈利君《孟中印缅经济走廊与"一带一路"建设》，《东南亚南亚研究》2015 年第 1 期。

2. 四国政府已就推进孟中印缅经济走廊建设达成基本共识

当前，孟中印缅四国都处于发展经济、消除贫穷和改善民生的关键阶段，面临着加快经济转型升级的紧迫任务。在国际区域经济一体化和经济全球化共同发展的大趋势下，孟中印缅四国面对国际金融危机的冲击和新一轮全球产业的竞争，都需要挖掘自身潜力，实现优势互补、共同发展，四国也都有着强烈参与经济走廊建设的愿望。经过多年努力，四国政府已就推进孟中印缅经济走廊建设达成基本共识。

2013 年 5 月李克强总理访问印度之际，中印两国领导人提出建设孟中印缅经济走廊的倡议，得到了孟加拉国和缅甸领导人的积极响应。10 月 19 至 22 日，孟加拉国外长迪普·穆妮对中国进行正式访问，访问期间迪普·穆妮明确表示，孟加拉国欢迎并愿积极参与孟中印缅经济走廊建设。与此同时，时任印度总理辛格于 10 月 22 日至 24 日对中国进行了回访，并与中方共同发表了《中印战略合作伙伴关系未来发展愿景的联合声明》。

2013 年 12 月 18 日至 19 日，孟中印缅经济走廊联合工作组第一次会议在昆明召开，四国政府高官和有关国际组织代表出席。会议就经济走廊发展前景、优先合作领域和机制建设等进行了深入讨论，就交通基础设施、投资和商贸流通、人文交流等具体领域合作达成广泛共识。各方签署了会议纪要和孟中印缅经济走廊联合研究计划，正式建立了四国政府推进孟中印缅合作的机制。

2014 年 6 月，中国国家主席习近平在北京会见孟加拉国总理哈西娜时表示，孟加拉国是海上丝绸之路沿线的重要国家，中方欢迎孟方积极参加建设"丝绸之路经济带"和"21 世纪海上丝绸之路"合作倡议，同时推进孟中印缅经济走廊建设，打造利益共同体，造福两国和本地区人民。哈西娜表示，孟方赞同中方提出的"一带一路"重要倡议，孟方愿积极参与孟中印缅经济走廊建设。

2014 年 9 月 18 日，中国国家主席习近平在新德里同印度总理莫迪举行会谈时提出，双方要加快推进孟中印缅经济走廊建设，开展在"丝绸之路经济带""21 世纪海上丝绸之路"、亚洲基础设施投资银行等框架内的合作，推动区域经济一体化和互联互通进程；双方要深入对接发展战略，推进信息、铁路基础设施、产业园区、清洁能源、科技、航天、金融等领域合作。中方愿意扩大进口印度药品、农产品等适销对路产品，愿同印方共同制定"中国—印度"文化交流计划，扩大文化、教育、旅游、宗教、影视、媒体、人力资源等领域交流合作。莫迪表示，欢迎中方参与印度电力建设和铁路等基础设施升级改造。印方将研究参与中方关于建设孟中印缅走廊和亚洲基础设施投资银行的倡议，愿意同中方加强在人文领域合作，印中要加强在国际事务中的协调与合作，共同应对恐怖主义、能源安全、气候变化等挑战。在两国发表的"联合声明"中也强调：双方同意继续努力，落实孟中印缅经济走廊联合工作组第一次会议达成的共识。[①] 2015 年 5 月 14 日习近平主席在西安会见印度总理莫迪时提出，双方可以就"一带一路"、亚洲基础设施投资银行等合作倡议以及莫迪总理提出的"向东行动"政策加强沟通，找准利益契合点，要更加紧密地对接各自发展战略，实现两大经济体在更高水平上的互补互助，携手推动地区经济一体化进程，重点推动铁路、产业园区等领域合作，探讨在新型城镇化、人力资源培训等领域拓展合作。莫迪表示，印度希望继续加强同中国的经贸关系，密切同中方在亚洲基础设施投资银行内的合作。印度欢迎中国加大对印投资。莫迪还表示，中方提出了"一带一路"倡议，印方同样重视南亚地区互联互通建设，印方愿加强同中方在这一领域合作。

2014 年 11 月，中华人民共和国国务院总理李克强访缅，在与缅甸总统吴登盛会谈时表示，中方愿与缅方共同推进孟中印缅经济走廊相关建设。吴登盛表示，缅方愿以此访为契机，同中方进一步加强交流合作，支持并将积极参与孟中印缅经济走廊、"一带一路"和亚洲基础设施投资银行建设，开展大项

---

① 《中华人民共和国和印度共和国关于构建更加紧密的发展伙伴关系的联合声明》，中华人民共和国外交部，2014 年 9 月 19 日，http：//www.fmprc.gov.cn/mfa_ chn/zyxw_ 602251/t1193043. shtml。

目合作，密切人文交流，推动两国关系取得新的发展。2015年4月22日，习近平主席在印度尼西亚雅加达会见缅甸总统吴登盛时表示，中方赞赏缅方对"一带一路"、孟中印缅经济走廊等合作倡议的支持，愿在上述合作框架内推动中缅公路、伊洛瓦底江陆水联运等互联互通项目，积极推进农业、电力、金融等重点领域合作。吴登盛表示，缅方支持并愿积极参与中方的"一带一路"和亚洲基础设施投资银行倡议，希望中方通过丝路基金等参与缅甸基础设施建设。

2016年8月17日至21日，应中华人民共和国国务院总理李克强邀请，缅甸联邦共和国国务资政昂山素季对中国进行正式访问，这是缅甸新一届政府成立以来，缅甸领导人首次访华，对推进新时期中缅全面战略合作伙伴关系具有重要意义。习近平主席、李克强总理同昂山素季举行了会谈。双方重申将从战略高度和长远角度出发，推动中缅全面战略合作伙伴关系不断取得新进展。缅方欢迎中方倡导的"一带一路"和孟中印缅经济走廊合作倡议。双方将继续用好经贸联合委员会、农业合作委员会、电力合作委员会等政府间合作机制，加强经贸、农业、水利、电力、产能、金融等各领域互利合作。[①]昂山素季表示，缅甸新政府高度重视发展对华关系，感谢中方对缅甸经济社会发展所给予的帮助。尽管国际形势发生变化，缅方将继续致力

---

① 新华社北京8月20日电：《中华人民共和国和缅甸联邦共和国联合新闻稿》。

于进一步巩固和发展缅中关系，愿同中方保持高层交往势头，增进政治互信，通过加强沟通，推进能源等务实合作，扩大边贸、农业、卫生、教育等领域交流与合作，共同维护边境地区稳定。2016 年 8 月 21 日，中共云南省委书记李纪恒、省长陈豪在昆明会见了昂山素季一行，李纪恒在会谈中表示，云南省与缅甸山水相连，是中国"一带一路"建设的重要支点；我们将认真落实中缅两国领导人达成的重要共识，进一步密切各层级友好往来，增进传统友谊；深化经贸等各领域的务实合作，实现共同发展；加强边境管理，努力维护好边境地区和平稳定。昂山素季表示，缅甸积极支持中国的"一带一路"建设，并支持缅甸政府各部门、各省邦与包括云南在内的中国各省加强友好交流合作，希望双方加强执法管理，共同维护边境地区的和平稳定，实现共同发展。①

3. 四国关系逐渐改善为共建经济走廊提供了重要前提

一是中国与孟印缅三国间的关系不断改善和全面拓展。

进入 21 世纪以来，中国和印度两国关系基本稳定，两国政府高层互访频繁，经贸联系也日益紧密。2005 年时任国务

---

① 《李纪恒陈豪会见缅甸联邦共和国国务资政昂山素季》，《云南日报》2016 年 8 月 22 日。

院总理温家宝访问印度时，中印两国就建立了"战略合作伙伴关系"；2014 年莫迪当选印度总理，同年 9 月中国国家主席习近平出访印度，开启了中印两国合作共赢的新时期；2015年 5 月，印度总理莫迪访问中国，两国签署了 45 项文件，包括 24 项政府间协议和 21 项商业协议，合作领域涵盖航空航天、地震合作、海洋科考、智慧城市、网络、金融、设领、教育以及政党、地方、智库交往等各个方面。中印双方已完成中印区域贸易安排联合可行性研究，经济合作领域不断拓展。2014 年，中印贸易额为 706.05 亿美元，同比增长 7.8%；2015 年，中印双边贸易额 716.2 亿美元，同比增长 1.5%，其中我对印出口 582.4 亿美元，同比增长 7.4%；截至 2015 年底，中国在印累计签订承包工程合同额 657.8 亿美元，完成营业额 440.1 亿美元。中国对印非直接投资累计金额 35.5 亿美元。

进入 21 世纪，中国和孟加拉国的关系也不断取得了进展。2010 年 3 月，孟加拉国总理西哈姆访问中国时，两国发表了"联合声明"，将两国关系性质提升为"更加紧密的全面伙伴合作关系"。近年来中孟两国贸易额连续保持两位数增长。2014 年两国贸易额达到 125.47 亿美元，同比增长 21.98%，孟加拉国已成为我国在南亚地区第三大贸易伙伴。

自 1988 年缅甸新军人政权上台以来，中缅两国政治关系不断深化，在经济领域开展了全方位的合作。2011 年，中缅两国宣布建立全面战略合作伙伴关系。中国多年来一直是缅甸的第一大贸易投资伙伴，2015 年中缅双边贸易额为 152.8 亿美元。其中，中国向缅甸出口 96.5 亿美元，增长 3.1%；2015 年中国对缅直接投资 2.06 亿美元，增长 16.3%。截至 2015 年底，中国对缅直接投资存量 41.3 亿美元。[①]

二是印度在"向东看"与"邻居第一"周边外交背景下与缅孟两国的关系不断得到强化。

2010 年缅甸大选后，在缅甸政治转型与对外战略调整以及印度大力推行"向东看"外交的背景下，印度与缅甸的两国关系迎来一个新的发展时期，双方在政治、经济、安全、文化方面的合作不断深化。2012 年 7 月 27 日，时任印度总理辛格访问缅甸，成为 25 年来首位访问缅甸的印度总理，有力地推动了两国关系的发展和深化。孟加拉国有两大政党，即人民联盟和民族主义党。人民联盟希望对印度采取务实外交，并对恐怖势力采取强硬措施，而民族主义党倾向于对印度采取强硬政策。印度比较喜欢人民联盟的世俗化倾向，认为既可以使印度的周边地区更加安全，还可以在打击非传统安全方面与其展开合作。因此，自 2009 年 1 月人民联盟执政

---

① 《中国缅甸双边经贸合作简况》，商务部亚洲司，2016 年 2 月 5 日，ht-tp：//yzs. mofcom. gov. cn/article/t/201602/20160201252444. shtml。

以来，孟加拉国与印度的关系已明显好转，两国在反恐、边境
纠纷、水资源、运输和能源等各领域都进行了协商与合作。

三是缅甸和孟加拉国的关系也不断发展。

由于地理相近，加之具有共同的历史经历，缅甸和孟加拉
国一直是友好邻邦。尤其是2002年12月17日缅甸军政府丹
瑞大将访问孟加拉国，孟加拉国总理回访缅甸后，两国在各个
领域都加强了合作。2007年7月，缅甸和孟加拉国就修建25
公里公路连接签署了协议。两国还计划在缅孟边境地区，缅方
一侧的东彪镇建立边境贸易区，该贸易区与孟加拉国的岗丹地
区相接壤。缅甸和孟加拉国还通过国际海洋法法庭裁决的方式
圆满解决了2008年引发的海域争端，为两国关系的顺利发展
扫除了障碍。孟缅两国都表示要遵守和落实国际海洋法法庭的
裁决，强化相互之间的关系。

4. 四国经济互补性较强

孟中印缅资源禀赋各异，四国在资源、市场、产业、产品、
技术等方面形成了较强的互补性，有巨大的合作与互动空间。

从产业结构来看，目前中国已进入工业化中期阶段，而印
度、孟加拉国、缅甸工业化仍然处于起步阶段。孟中印缅四国
在产业合作方面有较强的互补性，合作空间广阔。印度有着强
大的科学和工程能力，软件开发服务行业发展迅猛，以服务外
包和IT产业为主的现代服务业发展已形成比较优势，被称为

"世界办公室"。印度正不断加大对制造业的投入，制定了国家制造业发展战略，力争到 2022 年将制造业产值在国内生产总值中所占比重从 2014 年的 16% 提升到 25%。而中国制造业发达，被称为"世界工厂"，在制造业具备先进技术并积累了宝贵经验，能够帮助包括印度在内的周边国家提升制造业水平。[①] 另外，印度、缅甸、孟加拉国的矿产、海产品、木材、黄麻等资源丰富，工业化水平低，人口众多，制造业对 GDP 的贡献率不高，经济发展潜力巨大；这些国家劳动力资源也十分丰富，且价格低廉，具有较强的竞争力，是潜在劳动密集型制造业基地，可以为我国产业结构调整提供适宜转移的市场。

从贸易结构来看，中国和印度之间的贸易往来主要是商品贸易，中国出口印度的商品以增加值较高的工业制成品居多，而印度的对华出口则以矿产品等初级产品和原料、资源性产品为主，这就形成了一种商品的互补结构。缅甸和孟加拉国由于经济发展落后，一些工业制成品和生活日用品需要从中国、印度或者周边国家进口。因此，孟中印缅经济走廊的建设将加大四国贸易往来，充分发挥各自的比较优势，形成合理的国际分工，带动产业结构调整，增强各自的经济实力。

资源方面，中国和印度同为发展中大国，对能源的需求巨

---

① 中华人民共和国驻印度共和国大使魏苇：《中国将是印度经济腾飞的机遇》，印度《经济时报》，http://www.fmprc.gov.cn/ce/cein/chn/sgxw/t1159519.htm。

大，而缅甸拥有丰富的石油、天然气资源以及尚待开发的水力资源，孟加拉国也拥有大量的天然气资源，这些先天条件无疑成为推动中印加强四方合作关系的重要动力之一。

经济技术合作方面，缅甸和孟加拉国的经济发展正在提速，有大量的公路、铁路、港口等基础设施需要建设，都急欲吸引国际投资以协助其实现工业化。而中国在基础设施建设和对外工程承包方面具有优势，随着中国经济实力的增强，对外投资能力也大大提高。未来我国与孟加拉国、缅甸在电力、电讯、交通等基础设施领域存在着较多的投资与合作机会。中国与印度、缅甸、孟加拉国都签署了投资保护协定，这使得孟中印缅经济、贸易、投资合作有很大潜力可挖。同时，孟加拉国是"南亚经济合作联盟"的成员国，享有"南亚优惠贸易安排"，我国企业还可以通过在孟加拉国的投资进入巴基斯坦等南亚市场。另外，孟加拉国和缅甸属于最不发达国家，其出口产品在欧、美、日、加、澳等国家享受免关税、免配额等优惠贸易待遇。因此，我国在孟加拉国、缅甸投资企业生产的产品可绕过有关国家贸易壁垒进入其市场。

可见，通过建设孟中印缅经济走廊，彼此不仅可以开展互利合作，而且有利于实现优势互补，共同发展。

5. 合作发展潜力巨大

孟中印缅四国人口众多，资源丰富，市场广阔，合作潜力巨大。近年来，孟中印缅四国经济年增长率都在 5% 以上，成为世界上重要的新兴市场。特别是中国和印度已成为世界最大的消费市场之一。随着南亚国家经济的快速发展和居民收入的提高，居民购买力不断增强，南亚已成为我国对外贸易增长最快的地区，也是世界上最具潜力的新兴市场。中国经过多年发展已成为世界重要的工业大国，许多产品需要开拓市场才能获得更大发展，而建设孟中印缅经济走廊有利于沟通中国与南亚两大世界的新兴市场，使双方的产品互通有无，形成优势互补，从而促进双方经济共同发展，提高人民福祉。同时，也有利于促进双方民间友好往来，增进友谊，推进睦邻友好合作关系不断向前发展。

据统计，2012 年，孟中印缅四国的贸易总额达 47282.9 亿美元，年均增长率为 17%。2012 年，四国出口总额达 23768.85 亿美元，占世界出口总额的 12.9%；四国进口总额达 23514.05 亿美元，占世界进口总额的 12.6%；四国之间全年内部贸易额超过 1000 亿美元。相关研究认为，预计到 2020 年，孟中印缅经济走廊国际贸易额可达到 5000 亿美元，孟中印缅经济体 GDP 平均增长率可达 12%，孟中印缅经济体人均国民总收入（GNI）平均增长率可达 9%，在互联互通基础设施建设方面投资总需求为 3243 亿美元。2022 年，孟加拉国人均收入将达到 2000 美元，中国人均收入将达到 1.3 万美元，印度人均收入将达到 3300 美元，缅甸人均收入将达到 1700 美元。预计到 2040 年，孟中印缅经济走廊互联互通基础设施建设投资总需求为 7600 亿美元；并且孟中印缅经济走廊次区域经济体将真正实现互联互通，彻底消除贫困，实现包容性经济增长，建成加尔各答、达卡、曼德勒、昆明四个区域性国际金融中心和国际物流中心，形成若干层次的以服务业为主，按照市场化运作的产业集群。次区域经济体经济规模将占亚洲总产出 15% ~ 18%，成为亚洲经济增长的新动力。[①]

近年来，尽管全球金融危机导致经济增长率下降，但孟中印缅四国的经济增长仍保持着较快速度，年均增长率在 5% 以上，是世界重要的新兴市场。2014 年中国经济增长率达 7.3%，印度修订后的经济增长率达 6.9%。2015 年 3 月 24 日亚洲开发银行发布的报告预测，2015 ~ 2016 财年缅甸的经济增长率有望达到 8.3%，孟加拉国经济增长率有可能达到 6.5%。孟中印缅地区成为当今世界最具增长潜力的地区之一。另据 2013 年 5 月 19 日世界银行发布的《全球发展展望》报告称，到 2030 年，中国和印度将成为世界上最大的投资者。孟中印缅经济走廊建设等大项目的推进，不仅可以提振区域内的合作信心，促进该区域的经济增长，而且将促进东南亚、南亚、中国三大区域市场相互融合，进而推动

---

① 罗蓉婵：《孟中印缅经济走廊建设云南研究成果出炉　创繁荣命运共同体》，《云南日报》2014 年 9 月 18 日。

整个亚洲区域内市场的形成。

6. 各国相关政策提供利好

当前，中国正在实施新一轮西部大开发战略，同时提出了推进丝绸之路经济带和海上丝绸之路建设的"一带一路"战略新构想。2015 年 3 月，国家发展改革委、外交部、商务部联合发布了《推动共建丝绸之路经济带和 21 世纪海上丝绸之路的愿景与行动》，明确提出"孟中印缅经济走廊与推进'一带一路'建设关联紧密，要进一步推动合作，取得更大进展"；孟中印缅经济走廊建设面临重大利好。党的十八届三中全会《决议》指出，抓住全球产业重新布局机遇，推动内陆贸易、投资、技术创新协调发展。支持内陆城市增开国际客货运航线，发展多式联运，形成横贯东中西、联结南北方的对外经济走廊。加快沿边开放步伐，允许沿边重点口岸、边境城市、经济合作区在人员往来、加工物流、旅游等方面实行特殊方式和政策。建立开放性的金融机构，加快同周边国家和区域基础设施互联互通建设，推进"丝绸之路经济带""21 世纪海上丝绸之路"建设，形成全方位开放新格局。特别需要指出的是，2014 年 11 月 8 日，中国国家主席习近平宣布，中国将出资 400 亿美元成立丝路基金。丝路基金将为"一带一路"沿线国基础设施建设、资源开发、产业合作等有关项目提供投融资支持。作为"一带一路"的重要组成部分，丝路基金的成立可以为孟中印缅经济走廊重大项目提供启动资金和融资支持。2015 年 1 月习近平总书记在考察云南时指出，希望云南"主动服务和融入国家发展战略，努力成为面向南亚东南亚辐射中心"，为云南参与孟中印缅经济走廊建设指明了方向。

与此同时，印度深入实施"向东看"政策，积极拓展与东盟国家的合作。缅甸与孟加拉国也加大了对外开放的力度，尤其重视加强与周边国家的经济合作。孟中印缅四国的高层互访日益频繁，并签署了一系列推进经贸合作的文件、协议、备忘录。可以说，孟中印缅经济走廊建设与相关各国的开放发展战略相呼应，迎来了战略机遇期。

（三） 制约因素与制度障碍

孟中印缅经济走廊建设提出距今已有三年，虽然取得了一些进展，但总体上来看仍面临着一系列困难和障碍，如政治互信不足、交通基础设施滞后、非传统安全问题较多等，其中合作机制层次较低、合作平台缺位也是一个十分突出的问题，已直接影响到经济走廊建设的有效推进和进一步发展。

1. 主要制约因素

（1） 政治互信不足

作为一种国际次区域合作的特殊形式，孟中印缅经济走廊的建立在一定程度上存在着主权让渡的现象，但作为国家的核心利益，主权的让渡是十分敏感和困难的，需要以国家间友好的政治关系和高度的相互信任为保障。但该区域内政治、领土、民族、宗教等关系复杂，政治互信仍有待加强，稍有不慎就可能影响到各国的战略定位，影响到孟中印缅经济走廊的建设。首先是中印关系。中印两国在领土、西藏、贸易平衡等问题上依然存在分歧，印度对华心态复杂、敏感。孟中印缅经济走廊建设对中印两国而言，最大的制约因素仍是政治互信问题。印度与中国同为"孟中印缅论坛"机制中的大国，中印之间因政治互信不足导致的"关键大国"角色缺失是该走廊建设迟迟不能取得实质性进展的重要原因。过去印度之所以较其他三国表现得较为被动和消极，一方面是由于中印边界问题一直未能解决；另一方面是因为该机制直接关涉印度东北部这一在政治、安全和经济上都比较敏感的边境地区。近年来中印两国关系虽有所改善，但历史结怨、边界纠纷、政治互信不足等问题在很大程度上也妨碍着两国经济、贸易、人文交往的全面推进。同时印度一些学者和官员还担心孟中印缅经济走廊可能会成为中国商品进入印度的桥梁，中国很可能通过这条走廊把大量的廉价商品倾销到南亚国家。其次，地处该走廊关键节点的缅甸的态度对经济走廊建设可谓至关重要。缅甸近年来进入政治转型期，在大力改善与西方国家关系的同时，对华政策出现摇摆，已给中国在缅投资带来巨大冲击。2015 年 11 月缅甸举行了 25 年来的首次大选，以昂山素季为领导人的全国民主联盟获胜。随着民盟力量的崛起，缅甸权力的转移，其内外政策正处在调整期，缅甸对孟中印缅经济走廊建设的态度将受到更多不确定性因素的影响。最后，孟加拉国和缅甸地处于中印两国之间，孟缅关系对孟中印缅地区互联互通建设也比较关键。但是，孟缅之间在孟加拉湾存在领海争端，2008 年缅甸在有争议海域进行天然气勘探之后，孟加拉国政府曾派了 4 艘战舰到这片海域，并声称将采取"所有可能的措施"保护其主权。另外，孟缅两国在罗兴亚难民问题上不时发生纠纷。除此之外，印度和孟加拉国两国之间也存在着边界争端及难民问题，并对两国关系造成了一定的消极影响。

（2）走廊印度段与相关各国存在各种争议

目前，印度与缅甸、孟加拉国和中国在经济走廊印度段地区均存在不同程度的问题和争议。

印度东北部米佐拉姆邦、曼尼普尔邦、那加兰邦三邦和缅甸接壤，边境线长达 1400 多千米。印度一直期望缅甸配合印方打击分离主义势力的活动，但缅甸方面对印度分离主义组织"曼尼普尔人民解放军"和"阿萨姆联合解放阵线"的成员在缅甸曼德勒的活动采取视而不见的态度。印度西孟加拉邦与孟加拉国毗邻，双方存在着边界争端及难民纠纷。印度一直指责孟加拉国对边界管理不严，致使不少孟加拉国人非法进入印度，而孟加拉国始终否认在印度有孟加拉国的非法移民。为此，两国不仅经常发生外交争吵，而且两国的边界安全部队还时常发生交火。此外，中国和印度两国间也存在着边界领土争议。2008 年 3 月，印度国家安全委员会要求各邦审查并禁止来自敏感国家、涉及安全问题的投资，中国被列入"敏感国家"中。紧接着印度内阁安全委员会通过一份"外国公司参与印度敏感地区水电项目建设"的限制政策，对距离印度边境、限制区、军事保护区 50 公里范围内的水电建设项目进行监督和审查。目前，印度政府将其东北部区域和其他边境敏感地区设定为安全排除区域，而这些地区正好是孟中印缅经济走廊印度段的主要组成部分。

孟中印缅经济走廊建设旨在推进该地区的互联互通，使其释放出巨大能量，推动有关四国和亚洲地区的经济增长。但就目前印度与其他相关各方在经济走廊涉及地区存在的争议与问题而言，经济走廊能否切实推进，首要问题就是印度能否付诸政治外交努力，与相关各方共同协商，克服困难。

(3) 交通基础设施建设滞后

交通基础设施落后、互联互通性差，是制约四国经贸合作的关键因素。目前，四国除航空领域的互联互通较好以外，其他领域的互联互通还十分薄弱，铁路、公路未能联网，且铁路轨道标准不一、公路网络技术标准低，通行状况不佳。

　　中国是孟中印缅经济走廊互联互通的推动者，基本完成了相关公路和铁路的国内段建设，并出资兴建了部分境外段，但互联互通境外段基础设施方面的巨大投资和风险是中方难以全盘承担的。虽然印度为其东北部的路网建设进行了大量的规划和建设，但建设进展较慢。而且印度东北部的整体路网建设是"内向型"的，即目前主要还是致力于实现印度东北部内部各邦之间和主要城市之间的联通。印度对实现孟中印缅四国互联互通的考虑还是以国内安全为重。孟加拉国对实现互联互通持积极态度，尤其是希望实现中缅孟三国的互联互通。为此孟加拉国已经制定了前期规划，并具备了一定的基础，但限于其国内经济发展水平和缅甸的态度，目前进展也不大。缅甸是实现孟中印缅互联互通的关键枢纽，不管是拟议中的南线、中线还是北线通道都经过缅甸，但缅甸相对落后的基础设施、不断增加的对华疑虑及其民主化进程的推进都使缅甸的态度面临变数。

　　现阶段看孟中印缅的交通通道合作和建设存在较多障碍。究其原因，一是四国对国际陆地交通运输便利化公约重视不足，没有签署《过境运输框架协议》。在七个国家陆地交通运输便利化公约中，目前只有中国和印度加入了《泛亚铁路网政府间协议》这一公约，这严重制约了孟中印缅走廊地区的人员交往和物流运输。二是孟中印缅四国目前实行的双边过境运输协议对经济走廊地区过境车辆、货物和人员的限制太多，不利于提升次区域贸易发展，这与相关国家的安全考量有密切关系。如印度希望建立横越孟加拉国的通道，加强与印度东部各邦的联系，而孟加拉国出于国家安全的考虑，一直不允许印度开辟这一通道。印缅边境、印度东部各邦民族分离主义势力活动频繁，印缅两国对改善边境地区有较大顾虑。印度担心通道建设后会成为输送恐怖分子的通道，而缅甸政治经济上较为封闭，也对改善边境地区交通条件存有一定疑虑。三是面临资金短缺的困难。目前孟中印缅四国的公路、铁路网自成体系，道路、桥梁施工标准不一，有缺失路段和边界管理设施落后等问题。要形成互联互通、便捷的地区性交通网络需要新建和改造不少路段，所需资金巨大。① 印度、缅甸、孟加拉国财力有限，特别是缅孟在基础设施方面投入十分困难，如何解决巨大的资金缺口，是一个较为棘手的现实问题。

（4）各方在经济走廊交通走向方面存在分歧

目前，各方对孟中印缅连接公路的走向和优先建设顺序还未达成共识。在孟中印缅经济走廊公路走向问题上，拟议的线路有三条。第一条南线方案是从中国昆明经大理、保山到瑞丽，

① 刘稚：《建设第三欧亚大陆桥面临的困难和问题初析》，《第三欧亚大陆桥西南通道建设构想》，第 134 页。

出境后经缅甸腊戌至曼德勒，继续向西南到皎漂，经孟加拉国吉大港、达卡，最后到达印度加尔各答；第二条中线方案是从中国昆明到瑞丽，出境后到缅甸曼德勒，向西北到缅甸德木口岸，经印度因帕尔到孟加拉国达卡，最后到达印度加尔各答；第三条是北线方案，从中国昆明到保山腾冲，出境后到缅甸密支那，经印度雷多、因帕尔到孟加拉国达卡，最后到印度加尔各答。在线路选择上各个国家各自有侧重，缅孟希望实施中线，中国倾向南线，印度则想推进北线，[①] 这些分歧增大了经济走廊建设国际协调的难度和不确定性。从目前情况看，需要我国政府出面，做好增信释疑工作，统筹考虑各方利益，确定优先线路和项目，解决资金和技术对接等一系列问题，才能协调一致付诸实施。

（5）四国相邻地带民族冲突与非传统安全问题突出

孟中印缅经济走廊沿线均为相关各国毗邻的边境民族地区，且有众多的民族跨境而居，民族宗教问题具有国际性和外溢性。区域内孟印缅三国都存在着不同程度的民族问题，其中缅甸的民族问题最为严峻。少数民族问题导致的冲突产生外溢，直接对经济走廊沿线项目合作的顺利推进造成了挑战。

长期以来，缅北民族地方武装问题一直是缅甸政府的

---

① 杨思灵、高会平：《孟中印缅经济走廊建设问题探析》，《亚非纵横》2014年第3期。

"心头大患"，并直接影响到中缅关系。尽管缅甸政府和缅北民族地方武装进行了多轮谈判，但截至目前，缅甸民族问题的前景仍不明朗。缅甸若开邦的罗兴亚人问题已经成为维护缅孟边境地区稳定的重要威胁。孟加拉国一直呼吁缅甸承认若开邦罗兴亚人的公民权，彻底解决罗兴亚人问题；但缅甸政府认为罗兴亚人是非法移民，一直拒绝承认其是缅甸公民。仅在 2012 年 6 月和 10 月，缅甸若开邦的佛教徒和穆斯林之间爆发的冲突就导致近 200 人死亡，约 14 万人流离失所。处于"缅孟夹缝"中的罗兴亚人成立了罗兴亚团结组织并坚持反政府武装斗争。罗兴亚人反政府武装团体的活动已经出现了"外溢"，造成缅孟边境小规模冲突不断。2014 年 5 月初以来，缅甸若开邦与孟加拉国接壤地区因罗兴亚人问题数次发生了武装冲突，对两国跨境合作构成了严重影响。

孟加拉国的宗教冲突主要存在于佛教与伊斯兰教之间，宗教冲突所引起的恐怖活动愈发频繁，甚至连孟加拉国总理也曾受到来自宗教冲突带来的"死亡威胁"。孟加拉国同时也是恐怖袭击高发的国家之一。有组织的恐怖袭击和个人恐怖主义活动层出不穷。仅在 2015 年 1 月 17 日就发生了至少三起恐怖袭击事件，造成包括 56 名警察在内的人员伤亡。[1]

---

① 黄德凯：《中国新安全观下 BCIM 地区非传统安全合作》，《印度洋经济体研究》2015 年第 1 期。

印度东北部是分离主义、恐怖主义和其他暴力活动十分严重的地区。1947 年印度摆脱英国殖民统治成为主权独立的国家之初，东北地区的许多部族就开始要求脱离印度，分离主义波及整个东北地区。20 世纪 70 代后期以来，各种武装组织为争取独立进行了长期的政治和武装斗争。目前印度东北地区仍有各种大大小小反政府和其他武装组织 120 多个，长期活动的就有 50 多个，使东北地区长期处于动乱之中。[①]

此外，缅甸北部地区的毒品问题和民族问题在一定程度上仍影响着中国云南边境地区。四国交界地带紧邻毒品生产的"金三角"地带，民族问题和毒品问题交织在一起，导致该地区的非传统安全问题更加严重。孟中印缅经济走廊相关地区存在的非传统安全问题致使这些地区人民生活至今难以改善，加大了该地区互联互通的建设难度，增加了相关国家维持社会稳定和安全的投入，影响了四国之间的人员交流和友好往来，也使得相应的基础设施建设项目难以实施。

2. 合作机制方面存在的制度障碍

（1）国际合作机制层次较低

国际机制既是区域和次区域合作的成果和主要表现形式，

---

① 邓兵：《印度东北地区国内安全问题》，《南亚研究季刊》2006 年第 2 期。

也是促进区域和次区域合作的重要动力。孟中印缅次区域合作的国际机制从 1999 年产生到现在已有 17 年，从"二轨"的地区合作论坛上升为"准一轨"的经济走廊是该机制取得的重要进展，但仍需要进一步提升制度化水平。国际机制的主体是有形的国际组织和国际协定，此外还有一些有形或无形的原则、规范、规则等。① 按照这一定义，孟中印缅经济走廊虽然也已经形成了一定意义上的区域合作机制，但这一机制的层次还是比较低的。首先，从实际功能来看，孟中印缅经济走廊四国政府间的工作组会议和之前的孟中印缅地区合作论坛一样，仍然是该区域的一个对话平台，只是参与对话的主体由智库转变为政府机构。其次，该区域合作也不存在明确的国际协定，至今没有签署四国政府间正式的相关协议。如果说孟中印缅区域存在国际机制的话，那么这种国际机制主要表现为存在一定形式的规则，即四方有关加强合作的一些共识。整体而言，孟中印缅区域合作的制度化水平还较低，没有正式的国际组织和国际机制。现有的原则和规则也主要是由非政府层面达成的，能否成为政府层面正式认可的原则和规则仍然是不确定的。② 当然，作为四国中央政府层面的对话平台，工作组会议能够持

---

① 〔美〕罗伯特·基欧汉：《霸权之后——世界政治经济中的合作与纷争》，苏长和等译，上海世纪出版集团，2006，第 57 ~ 61 页。

② 刘鹏：《孟中印缅次区域合作的国际机制建设》，《南亚研究》2014 年第 2 期。

续本身就是一种该区域的国际合作机制，而且获得了一定的政府授权，同时工作组会谈的结果也可能是创设更为有效的国际机制的前提。但政府间会谈在尚未形成正式机制之前容易受到国家间关系波动的影响，各国政府对会谈本身的支持也可能随时都会收回。

从近年情况看，"孟中印缅经济走廊四国政府间工作组会议"的正式化、集中化和授权化程度均较低，还属于国际制度安排中的非正式协议阶段，且面临着模式选择、政策不确定性、互联互通协调和国内整合等一系列难题。由于相关国家各自利益诉求、贸易投资、边检通关、法律制度等的不同，经济走廊涉及复杂的关系协调，各国都十分谨慎，开展国际合作和国际谈判的任务十分艰巨。在此形势下，孟中印缅经济走廊建设仍面临着较大的制度障碍，需要进一步提升合作的制度化水平。

（2）地区性国际公共产品供给严重不足

推进孟中印缅经济走廊建设，从深层次上看必须改善孟中印缅地区基础制度环境这一区域公共产品供给不足的情况。制度环境是指一系列影响国际机制的正式或非正式规则构成的制度框架，区域合作的国际机制作为具体目标制度需要"嵌入"到这一框架中以发挥具体的作用，两者之间的互动影响了推进机制的建设与维持成本，以及机制本身的有效性。宏观的制度环境，可以被视作一种地区性国际公共产品。①以孟中印缅地区的具体情况而言，当前，该地区缺少的基层制度环境是指相似的理念和意识形态，以区域一体化为宗旨的区域制度，以及由区域制度产生的区域组织、团体和定期的协商、会谈等有效的沟通协调方式或对话机制，区域安全和危机管理机制，基础设施建设、知识传播和分享等区域公共服务。可以看出，这些都是孟中印缅地区实现经济合作和社会发展所必需的公共产品，但现在各方面公共产品的供给都存在不足的情况，导致该地区维系和创建新秩序的交易成本居高不下。制度创新的成本高昂，限制了利益可能性边界向外拓展的可能性，从而限制对合作区间现状的改变。具体情况参见表 2-5。②

从以上分析可以看出，孟中印缅地区迫切需要的公共产品，主要是区域对话机制，公共服务，传统安全和非传统安全的管理，经济领域以及推动经济合作的机制和制度（具体来说就是地区市场以及推动区域经济合作的制度安排）等。

---

① 区域性公共产品是从全球公共产品的概念衍生而来的，与全球公共产品一样，区域性公共产品的收益扩展到区域内所有国家、人民和世代，在区域内不具有竞争性和排他性。若是某个多国家的区域中有共同的需求和共同的利益，但全球性国际公共产品供应严重不足或者无法满足其个性化需求，则区域内国家或国家集团可以共同设计出一套安排、机制或制度，并为之分摊成本，并称为区域性国际公共产品。

② 参见杨怡爽《区域合作行为、国家间信任与地区性国际公共产品供给——孟中印缅经济走廊推进难点与化解》，《印度洋经济体研究》2015 年第6 期。

表 2 – 5　作为基层制度环境的孟中印缅地区性国际
公共产品供给现状评估一览表

类　　别	内　　涵	需求情况	供给情况
区域对话与合作机制	合作组织和统一的行政与法律平台	高	不足
传统安全和非传统安全	减少内部冲突、增加政治互信、对跨境犯罪问题的治理等	高	不足
公共服务	包括交通网络在内的基础设施建设、教育、社会保障、公共设施	非常高	不足
区域市场	管理或调节经济的机制，包括促进一体化的贸易便利化、投资优惠安排和跨境经济区等一系列措施	高	不足
地区认同	以统一的身份参与到对外的国际事务中	一般	不足

通过提供区域内的公共产品，可以减少区域内一体化经济合作的交易成本和不确定性，有利于合作国家之间寻求利益汇合点。因此，孟中印缅经济走廊制度建设的重点，应当是为该地区提供作为基础制度环境的、亟须的地区性国际公共产品。这种基础制度环境和区域公共产品的稳定提供才应是孟中印缅经济走廊建设中各国的共同目标和主要收益，使孟中印缅经济走廊建设成为长期的、具有自我延续和运转能力的国家间集体行动。

（3）缺乏互联互通的总体制度安排

从经济学的角度来看，制度性区域合作的目标是通过拆除各国设置的关税等藩篱，把原本相互分割的民族国家建立成为

"单一的市场和生产基地"，从而使在这个区域内从事生产经营活动的企业能够实现更大的规模经济。互联互通实际上拓展了传统区域合作概念，即为了实现规模经济，除了需要逐步拆除影响经济自由化的制度障碍，还要解决影响自由化的自然障碍。否则，区域合作的规模经济效应就不可能完全释放出来。①

就区域合作的制度联通而言，主要包括贸易自由化和便利化，投资和服务自由化、便利化，相互认知协议（安排），地区运输协议，跨境手续，能力建设项目等。目前，中国分别与印度、缅甸、孟加拉国在贸易、投资、交通运输等方面签署了双边协议，而其他三国相互之间也有一些双边协议。与区域合作的制度化水平较低相对应，目前孟中印缅四国之间还没有关于互联互通的总体制度安排。在这样的情况下，孟中印缅经济走廊的互联互通——包括政策沟通、道路联通、贸易畅通、货币流通、民心相通等自然也就缺乏相应的制度支持，从而难以获得发展的动力和保障。

孟中印缅经济走廊涉及的各国各方在资源、条件、人力、技术、财力、设施等方面各不相同，差异很大，四国之间的经济合作还处于低水平阶段。除中缅之间的经济关联度较高外，

---

① 参见王玉主《区域一体化视野中的互联互通经济学》，《人民论坛·学术前沿》2015 年第 5 期。

其余国家间的经济体量和合作潜力远不相称。从贸易上来看，印度和缅甸由于政治和体制等原因，两国国内市场的对外开放还有诸多壁垒和限制，在不同程度上制约着贸易的发展。尤其是印度和缅甸两国为了保护国内相关产业，对中国商品设置了各种各样的贸易壁垒，例如通过征收较高关税、实施进口配额，以及其他技术性贸易壁，来限制中国产品的进口。印度和缅甸两国在通关、结算、商检、仲裁等方面法律体系不完善，规定各不相同，手续烦琐。从投资上看，四国都将吸引外资作为加快经济发展的重要战略，在吸引国际资金方面相互处于竞争态势。中国发展较快，企业实力提升迅速，走出去发展的愿望日益强烈；但印度对来自中国的投资限制较多，而且印度政府体制运转效率低，投资环境较差。从旅游上来看，孟中印缅旅游资源十分丰富，均拥有世界一流的旅游资源，地域和民族文化差异性大，互补性强，相互拓展旅游市场的潜力很大。但印度和缅甸对国外游客在交通、景区景点门票上的收费较高，加上相互宣传和了解不足，旅游企业间缺乏深度合作。

（4）各国国内在合作机制中的整合与权限问题

孟中印缅次区域合作机制不仅面临着国家合作中存在的问题，而且还面临着各国国内整合的难题。孟中印缅次区域合作的地理范围覆盖了中国的云南省、印度的东北部和东部的西孟加拉邦、缅甸的北部以及孟加拉国，但各国期望该机制能发挥作用的范围都超出了这一机制的地理范围。孟中印缅经济走廊建设参与地区虽然是承担走廊建设实践的实施主体，但经济走廊建设的战略规划及发展走向总体上是属于中央政府管理的事务。地方政府作为次国家政府没有直接与外国政府商谈并签署走廊建设协议的权力。由于孟中印缅经济走廊建设涉及海关监管、检验检疫、政府外交等全局性、政策性等多方面问题，还涉及国家主权及利益冲突等敏感性问题。这些问题的解决均需要相应的能力和权限做支撑。从中方来看，云南省限于自身经济实力、外事权限不足等因素制约，若没有中央政府的有力支持，将很难全面有效地参与到孟中印缅经济走廊的规划建设之中。此外，如何发挥四川、广西、重庆这些处于该经济走廊辐射地区的省区市的积极性，使之参与到经济走廊建设中来，也是今后应给予重视的问题。

印度存在着复杂的中央与地方关系，此外，各个邦的执政党不尽相同，邦执政党与印度中央政府执政党也可能不同，各邦之间也存在着较大的差异。印度政府的低效、中央和各邦之间的纠葛会使印度政府短期内对孟中印缅经济走廊很难有实质性的支持措施。因此，要让印度东北部各邦都参与孟中印缅经济走廊建设中来，也面临着内部整合的难题。缅甸在孟中印缅经济走廊建设中对国内各方力量的整合难度则更大。孟中印缅经济走廊通道建设无论采取哪个方案、选取哪条交通线都无法绕开缅北的民族地方武装辖区。缅甸民族地方武装问题的复杂

性和长期性使解决这一问题的难度加大，因此，缅甸中央政府
如何整合缅北民族地方武装将关系到孟中印缅经济走廊建设能
否顺利发展。[①]

（5）域外大国的介入和已有机制的重叠

随着中国的快速发展和与周边国家合作的不断深化，不甘
示弱的美国高调重返亚太，加大对中国周边国家的战略投入。
而印度和缅甸都是美国实施"亚太再平衡"战略的重点国家，
从而使孟中印缅经济走廊建设的外部环境复杂化。印度一直是
美国拉拢制华的主要战略伙伴，缅甸近年也成为美国、日本争
相拉拢的对象。美国、日本及欧洲等发达国家对该区域的介入
与角力使得该地区国际关系更趋复杂化，有可能对孟中印缅经
济走廊建设形成挑战。

此外，孟中印缅经济走廊与该地区原有的合作机制和区域
组织之间存在着较多的重叠。参与经济走廊建设的孟中印缅四
国还分别参加了大湄公河次区域经济走廊、中巴经济走廊、环
孟加拉湾多领域经济技术合作组织、南亚区域合作联盟等次区
域经济合作机制。印度和缅甸还同属印度倡议设立的湄公河—
恒河合作机制成员国，印度除 2013 年提出建设"印度－湄公

---

① 参见刘鹏《孟中印缅次区域合作的国际机制建设》，《南亚研究》2014 年第
4 期。

河"区域经济走廊的合作构想外，还与日本合作提出共同推进"亚洲经济走廊"建设的构想。孟中印缅区域面临多个经济走廊并存、合作机制相互重叠的外部环境。相关国家在推进不同经济走廊建设的过程中，不可避免地会在各自参与的经济走廊建设上面临选择和侧重，"机制拥堵"会对这些国家参与孟中印缅经济走廊建设的积极性、建设力度等产生一定的分散作用。

总体来看，历史和地缘政治、地缘经济等制约因素在未来推进孟中印缅经济走廊建设的过程中仍将继续存在，需要相关各国加强政策、规划等方面协调和对接，增进政治互信，妥善处理领土、边界、难民等问题，扩大相邻地区开放，改善基础设施，实现贸易便利，共同推进孟中印缅经济走廊建设，为实现本国、地区和亚洲人民福祉做出积极贡献。

建设孟中印缅经济走廊的意义、内涵与总体思路

（一）战略意义

推进孟中印缅经济走廊建设，是党中央、国务院在新的历史时期，实行更加积极主动的开放战略，完善互利共赢、多元平衡、安全高效的开放型经济体系，促进中国与周边南亚东南亚国家区域合作和命运共同体建设的一项重要战略部署，也是"丝绸之路经济带"和"21世纪海上丝绸之路"建设的重要组成部分，具有十分重要而深远的战略意义。

1. 有利于贯彻落实党中央提出的"一带一路"建设战略构想

2013年9月和10月，习近平总书记先后在中亚和东南亚之行中提出建设"丝绸之路经济带"和"21世纪海上丝绸之路"的"一带一路"战略新构想。"一带一路"构想是

新时期党中央统揽政治、外交、经济社会发展全局做出的重大战略决策，是实施新一轮扩大开放、营造有利周边环境的重要举措，也是孟中印缅经济走廊建设的发展方向。2015 年 3 月 28 日国务院授权发布《推动共建丝绸之路经济带和 21 世纪海上丝绸之路的愿景与行动》，明确提出"中巴、孟中印缅两个经济走廊与推进'一带一路'建设关联紧密，要进一步推动合作，取得更大进展"，将孟中印缅经济走廊列为中国与"一带一路"沿线国家共同建设的六大经济走廊之一，进一步彰显了该走廊在"一带一路"战略中的重要性。

孟中印缅经济走廊从陆上把中国西南地区与缅甸、孟加拉国和印度联结起来，直接辐射东南亚、南亚、中亚几个大市场，其走向不仅与历史上连接中国与东南亚、南亚的"南方陆上丝绸之路"基本重合，还将打通我国从陆上进入印度洋的"21 世纪海上丝绸之路"。因此，孟中印缅经济走廊是"一带一路"建设的重要组成部分，是西南方向的支撑项目。这条南起印度加尔各答、经孟加拉国达卡、缅甸曼德勒，经中国昆明北达川渝经济圈、东至泛珠三角、长江经济带的经济走廊，将成为沟通中国—东盟—南亚地区经贸合作的"新南方丝绸之路"，大大加速中国与东南亚、南亚地区经济一体化。由此形成一个连接三亚（东亚、东南亚和南亚）、沟通两洋（太平洋和印度洋）的跨国、跨地区经济增长带。

2. 有利于促进区域经济合作与发展

当前，世界多极化、经济全球化深入发展，全球合作向多层次、全方位拓展，特别是新兴力量的快速发展和整体经济实力的增强，为世界经济发展增添了新引擎和新动力。经济体量日渐增大的中国目前已是全球倡导贸易自由和多边合作最重要的力量之一。但国际上仍然充斥着形形色色的冷战思维，传统安全威胁和非传统安全威胁相互交织，局部动荡和热点问题此起彼伏。近年来，世界经济复苏乏力，全球贸易持续低迷，以孤立主义、保护主义为代表的"逆全球化"思潮抬头。各国既处于深化合作期，又处于摩擦多发期。孟中印缅经济走廊地处全球化的边缘地带，目前孟中印缅四国的全球化指数排名分别为 153、72、112 和 178；经济全球化指数排名为 148、116、133、133，在世界 208 个国家或地区中全球化指数排序十分靠后。[①] 同时，由于历史、领土、宗教、民族等纠纷，中印、中缅、印孟、缅孟等国之间都存在着短期内难以解决的问题和矛盾，特别是作为两个地区大国的中印之间，政治关系十分脆弱。而经济走廊建设采取交通先行、层次推进，从易到难、从重点合作到全面合作的渐进方式，是当前四国加强合作、密切各方经济关系、促进共同发展的有效途径，也是进一步沟通相

---

① 根据 http://globalization.kof.ethz.ch/数据整理。

互往来、加深相互理解、增强互信的重要渠道。同时，四国通过经济走廊建设深入开展地区经济合作，不仅有利于促使本地区较快地融入世界经济发展大潮，改变本区域封闭落后的面貌，创造有利于区域发展的和平环境，而且有利于促进"南南合作"，促进与发达国家公平对话，进而改善四国发展的国际环境。

3. 有利于推进中国与周边国家的命运共同体建设

党的十八大以来，党中央、国务院在周边外交方面提出了"亲、诚、惠、容"周边外交理念和打造中国与周边国家命运共同体的战略新构想。推进孟中印缅经济走廊建设，有利于统筹考虑从陆路全面推进中国与东南亚、南亚、中亚关系的发展，加强与周边国家的"政策沟通""道路联通""贸易畅通""货币流通"和"民心相通"等"五通"工程建设，在更大的范围、更高的层次上推进中国与周边东南亚、南亚国家各个方面的互联互通，使我国的发展更多地惠及周边国家，实现共同发展，以经济合作的深化促进政治互信和相互了解，化解分歧和矛盾，从而推进中国与周边东南亚、南亚国家的命运共同体建设。这对于对冲美国"亚太再平衡"对我周边环境造成的干扰，破解美日的战略围堵，维护中国的周边安全与经济安全，具有重大的战略意义。

4. 有利于推进向西开放,构筑全方位对外开放新格局

改革开放以来,我国沿海开放不断向纵深发展,对推动我国经济持续快速发展发挥了重要作用。但在对外开放格局中,内陆沿边开放仍较薄弱,也造成了东西部发展不平衡的突出矛盾。加快向西开放是新时期进一步完善我国全方位对外开放格局的战略举措,西部地区正在成为新时期对外开放的重点地区。孟中印缅经济走廊建设以云南省等西南边疆省区为合作前沿和战略依托,推进四国互联互通,将使新欧亚大陆桥与南亚和环印度洋地区连通,中国西部地区与南亚和环印度洋地区的经贸往来将不必经海路,绕道马六甲海峡到达加尔各答或者欧洲,而是可以从印度洋出发直接通往西亚和欧洲地区。这将大大缩短运距、成本和时间,中国西南地区经贸发展的区位劣势将大为改观。这对于推进新一轮向西开放、拓展沿边开放深度与广度,在空间上形成沿海、沿边和内陆开放互为依托、相辅相成、东中西协调发展的全方位对外开放格局,具有十分重要战略意义。

5. 有利于以开放促开发,带动西南边疆民族地区的跨越式发展

由于历史的、地理的以及体制机制等多方面的原因,西南边疆民族地区经济和社会发展总体上还比较落后。而

形成这种局面的一个重要原因，就是经济的外向度低或对外开放水平不高。因此，扩大开放是西南边疆民族地区发挥比较优势、加快发展的必由之路。而孟中印缅经济走廊建设将有利于云南等西南边疆省区充分发挥自身的区位和资源优势，加强与周边国家的互联互通和产业合作，更好地利用国际国内两个市场、两种资源，拓展经济发展空间，促进经济结构的调整和优化升级，从而形成以开放促改革、促发展的强劲动力，形成我国沿边开放的重要增长极，带动边疆地区经济社会的跨越式发展，促进边疆稳定、民族团结。

6. 有利于打通我国陆上通往印度洋的国际大通道，推进"两洋出海"战略

中国经济已成为高度依赖海洋的外向型经济，对海洋资源和海上通道的依赖程度大幅提高。然而，长期以来，我国仅仅依靠太平洋这一海洋通道与外界进行经济联系。面对近年来美国高调"重返亚太"支持日本和南海某些国家在东海和南海问题上对我国进行所谓的"再平衡"，中国必须构建"两洋出海"的战略通道，协调建立起太平洋出海口与印度洋出海口之间的互动关系，打破马六甲海峡困局。中、印、缅、孟邻近地区是连接亚洲各区域的重要枢纽，入有中、印、缅广袤腹地，出有加尔各答、吉大港、仰光等著名港口，建设孟中印缅

经济走廊，有利于通过陆上地缘合作加强海上地缘合作，形成陆海兼顾的区域地缘合作，提升对海上能源通道安全的管控能力。

（二）指导思想与基本原则

1. 指导思想

以党中央、国务院关于新时期扩大开放、全面提升开放型经济发展水平的战略部署为指引，在建设"丝绸之路经济带"和"21世纪海上丝绸之路"的总体战略框架下，以互利共赢、合作发展为目标，以云南为前沿和支点，整合西南地区以及"泛珠三角""长江经济带"等各方力量，充分发挥比较优势，加强与孟加拉国、缅甸、印度等相关各国的政策沟通、道路联通、贸易畅通、货币流通、民心相通，促进区域互联互通和一体化；促进产业园区、贸易投资、能源、农业、人文交流、信息通信等领域合作，积极搭建高层对话、经贸合作和人文交流三大平台；以早期收获为抓手，先易后难、层次推进、以点带面、从线到片，逐步形成区域大合作格局；将孟中印缅经济走廊打造成为中国"亲、诚、惠、容"的周边外交新理念和命运共同体建设的先行示范区。

2. 基本原则

（1）平等互利，合作共赢

在合作进程中要充分体现中国"亲、诚、惠、容"的周边外交新理念，充分考虑相关各国经济社会发展的当前需求和中长期愿景，注重加深与孟印缅三国的全面沟通和相互了解。促使相关国家政府和各阶层人士真正认识到孟中印缅经济走廊建设对其经济社会发展的重大价值，进一步凝聚共识，提升合作意愿。合作中切实照顾相关各方的利益关切，形成优势互补、分工协作、联动开发、共同发展的区域合作格局。

（2）内外结合，相互促进

孟中印缅经济走廊建设涉及众多省区和国家，要统筹对内对外开放，对内加强西南地区与泛珠三角、长三角等国内其他地区的横向经济联合和协作，对外进一步深化同印度、缅甸、孟加拉国的经贸往来与人文交流，推进内外开放的有机结合、协调互动，做到统筹规划、联合共建，集中力量解决合作发展中的重点难点问题，加快实现与相关省区与周边国家区域联动发展。

（3）政府主导，市场运作

发挥政府的主导作用，调动孟印缅三国参与经济走廊建设的积极性、主动性和能动性。把握时机将合作意愿转化为具体合作项目，使合作蓝图从规划走向具体落实，发掘孟中印缅地区合作的潜力。创新合作模式，调动各类可用资源，引入市场化运作机制，引导和吸纳社会闲置资本流向互联互通、能源合作等领域，形成以政府为主导、社会共同投资参与的公私合作模式。

（4）先易后难，逐步推进

鉴于孟中印缅经济走廊涉及问题多、协调难度大的现实情况，要找准切入点，从孟中印缅互补性最强、合作愿望最迫切、容易突破、见效快的领域和项目着手，布局一批早期收获项目，形成带动示范效应，增强各国参与孟中印缅经济走廊建设的信心。选择区位优势突出、基础设施完善的城市或口岸，率先建成具有辐射带动功能的经济增长极，以点带面、从线到片，逐步推进孟中印缅经济走廊建设。

（5）双边先行，带动多边

巩固和加强双边合作，减少因政治制度、利益诉求、社会文化等方面的差异带来的障碍和摩擦。在双边合作不断夯实和深入的基础上，通过发挥双边合作的示范效应，带动多边合作的发展。推进区域重大项目时，注重发挥多边参与在力量整合上的优势，降低敏感性，增加共识，增进友谊，推动区域合作向纵深发展。

（6）注重实效，惠及民生

孟中印缅四国同为发展中国家，当前，四国都处于发展经济、消除贫困和改善民生的关键阶段，面临加快经济转型升级的紧迫任务。通过孟中印缅经济走廊建设，将发展经济、改善民生同节能环保、促进可持续发展相结合，让人民切实分享到区域发展的红利。同时注重营造人与自然、人与社会和谐发展的良好环境。

（三）内涵、定位

1. 孟中印缅经济走廊的基本内涵

根据区域经济学和亚洲开发银行的定义，经济走廊是在一个特殊的地理区域内联系生产、贸易和基础设施的机制，是以通道建设为基础，产业、贸易和基础设施为一体的，带动沿线经济发展的轴心。概言之，经济走廊是在地理上把一个国家或多个国家的一些地区连接起来的经济主轴。据此，孟中印缅经济走廊可定义为：以交通干线或综合运输通道为发展主轴，以昆明、曼德勒、达卡、吉大港、加尔各答等城市和港口为主要节点，以促进次区域国家和地区互联互通和经济社会发展为目标，连接覆盖中国云南及西南地区、缅甸、孟加拉国和印度西孟加拉邦及东部和东北部地区，以铁路、公路为载体和纽带，以人流、物流、信息流、资金流为基础，开展区域内投资贸易以及工业、农业、旅游、交通、服务等产业合作，构建沿线优势产业群、城镇体系、口岸体系以及边境经济合作区，促进各种资源和生产要素的跨区域、跨国流动，以形成优势互补、区域分工、联动开发、共同发展的国际区域经济带。[①]

孟中印缅经济走廊的构成要素主要包括以下方面。

（1）通道。以交通干线或综合运输通道作为经济走廊的发展轴和基本载体，通过次区域国家之间铁路、公路、航空、水运、管道、通信等方面互联互通建设，促进贸易自由化流通。

（2）节点。由沿线分布的经济中心城市、港口城市、边境口岸城市形成经济走廊的增长极和发展载体。通过城市基础设施建设，促进多边投资、跨境贸易以及产业交流合作。

（3）产业。依托于区域间贸易发展和资本流动所形成的机制，形成走廊沿线以农业、工业、交通运输业、商贸物流业、国际金融、能源矿产业、信息业等为主体的产业集聚区。

（4）制度。通过建立国家、省邦、地区间协调机制、边境会晤机制，以及各层次行业间的经济协调组织机构及其运作

---

① 参见任佳《孟中印缅地区经济合作与经济走廊建设构想》，《东南亚南亚研究》2014 年第 1 期。

方式，共同组织开展各类展会论坛活动，签署相关法律文件。

（5）金融。通过各级政府金融部门之间建立合作关系，加快金融政策对接，推动次区域国家间跨境贸易本币结算市场、外汇交易市场、资本市场、金融衍生品市场以及金融资产要素交易市场的形成。

2. 孟中印缅经济走廊的战略定位

（1）孟中印缅四国区域合作的重要平台

由于历史的原因以及各国现实利益的差异，四国之间的合作层次不高，全面开展区域合作难度较大。而经济走廊建设采取边缘切入、交通先行、层次推进，从易到难、从重点合作到全面合作的渐进方式，将为各方提供一个全新的多元合作平台，最为符合中国与缅甸、印度、孟加拉国等相关国家开展区域合作的实际情况。以此为突破口推动各国在经贸、交通、文化等领域的交流与互访，将扩大四国之间经济依存度，构建、扩人各国之间共同利益，增进政治互信、睦邻友好和全面合作。

（2）沟通中国—东盟—南亚地区经贸合作的通道和桥梁

从长远来看，孟中印缅经济走廊是深化中国与东南亚、南亚地区之间经贸合作利益交融和推动中国、印度两大市场紧密连接的桥梁和纽带。孟中印缅经济走廊将在推进沿线地区产业对接，实现人流、物流、信息流互动增强的过程中，形成更加多元、更加密切、更加高端的协商合作机制，减少和消除区域内的贸易投资壁垒，为加快形成中国与东南亚、南亚国家全面制度化的多边合作奠定坚实的制度基础。

（3）"一带一路"建设的重要战略支撑

孟中印缅经济走廊走向不仅与历史上连接中国与东南亚、南亚的"南方陆上丝绸之路"基本重合，还将打通21世纪我国从陆上进入印度洋的"海上丝绸之路"。因此，孟中印缅经济走廊是我国"一带一路"建设的重要组成部分，是西南方向的支撑项目。孟中印缅四国通力合作构建南起印度加尔各答、经孟加拉国达卡、缅甸曼德勒，经中国昆明北达川渝经济圈、东至泛珠三角的国际经济走廊，将大大加速中国与东南亚、南亚地区的经济一体化，由此形成一个连接"三亚"（东亚、东南亚和南亚）、沟通"两洋"（太平洋和印度洋）的跨国、跨地区经济增长带。

（4）中国与周边国家的命运共同体建设的示范区

通过建设孟中印缅经济走廊，在更大范围、更高层次上推进中国与周边东南亚、南亚国家各个方面的互联互通，全面拓展中国与东南亚、南亚各国睦邻友好、互利合作关系，使我国经济发展更多惠及印度、缅甸、孟加拉国等周边国家，促进互利共赢，共同发展，让"一带一路"框架下的孟中印缅经济走廊建设造福沿线各国人民，从而为中国与周边国家命运共同体建设提供示范。

四　孟中印缅经济走廊建设的合作平台与机制建设问题研究

　　国际机制是促进区域和次区域合作的重要动力和基本保障。孟中印缅次区域合作的国际机制从1999年产生到现在已有17年，从"二轨"的地区合作论坛上升为"准一轨"的经济走廊是该机制取得的重要进展。但从实际功能来看，孟中印缅经济走廊四国政府间工作组会议，与之前的孟中印缅地区合作论坛一样，是该区域的一个对话平台，只是参与对话的主体由智库转变为政府机构。从近年情况看，孟中印缅经济走廊四国政府间工作组会议的正式化、集中化和授权化程度均较低，还属于国际制度安排中的非正式协议阶段，而且还面临着模式选择、政策不确定性、互联互通协调和国内整合等一系列难题。由于相关国家各自利益诉求、贸易投资、边检通关、法律制度等不同，孟中印缅经济走廊涉及复杂的关系协调，对此各国都十分谨慎，开展国际合作和国际谈判的任务十分艰巨。在此形势下，孟中印缅经济走廊建设仍面临着较大的制度障碍，需要相关各国特别是中国和印度两个大国共同努力，并从以下几个方面推动建立多层次的合作机制和合作平台，着力提升合作的制度化水平，切实推进孟中印缅经济走廊建设。

（一）　以共同利益为基础构建区域合作机制

利益共享是国际经济走廊的核心要素，孟中印缅经济走廊应建立在充分关照各方利益诉求和不断扩大共同利益的基础之上。没有共同的目标和利益诉求，就无法形成强烈的合作意愿。利益的创造、交织和合理分配，是经济走廊合作机制建设的重要原则。其中，密切经济合作、做大"利益蛋糕"是经济走廊建设的外在表现；利益的合理分配与共享是经济走廊建设的核心要素，同时也是经济走廊建设能否顺利推进，并最终取得实效的关键。

1. 孟中印缅四国在经济走廊建设中的利益诉求

（1）孟加拉国

孟加拉国是孟中印缅经济合作的发起国和积极参与者。2009 年孟加拉国总理哈西娜提出孟加拉国经济年增长率超过8%，在 2021 年把孟加拉国建设成为一个中等富裕国家或一个中等收入国家的发展目标。为此，孟加拉国政府对参与孟中印缅经济走廊建设的态度十分积极。孟加拉国参与孟中印缅经济走廊建设基本的利益诉求是：吸引投资、改善基础设施、减少贫困。为了能够在 2021 年时达到摆脱贫困进入中等收入国家的行列，孟加拉国把充分发挥地缘优势，借助良好的外部环境，引进外国直接投资作为重要的发展战略，其中改善基础设施是这一战略的着力点之一。孟加拉国计划大力发展吉大港、孟拉港，使这两个海港成为尼泊尔、布丹、印度东北部、缅甸和中国西南部的出海港口；新建或改造连接这两个港口与上述各国的公路和铁路网，特别是通向科克斯巴扎的高速公路，进而向缅甸和泰国延伸。在交通网络得到改善的同时，孟加拉国计划充分利用天然气资源提高发电能力，建立与邻国相连的电力网络，从尼泊尔、布丹和印度引进水电，成为本地区电力贸易的中心。孟加拉国另外一项重要的发展战略是利用人才和语言的优势和近年来外资对孟加拉国直接投资的特点改善电信网络，优化软环境，建立信息产业园区，成为本地区信息产业的中心。

（2）中国

中国是建设孟中印缅经济走廊的倡导者和主要推动者，云南省是参与孟中印缅经济走廊建设的主体省份。中国作为新兴的发展中大国，高度重视同南亚东南亚各国友好合作，积极通过双边、多边渠道参与区域、次区域合作进程。中国已成为东南亚最大的经贸合作伙伴和南亚国家主要的贸易伙伴和外资来源国，东盟和南亚国家则成为中国重要的海外市场和投资目的地。中国参与孟中印缅经济走廊建设的主要利益诉求是：助推"丝绸之路经济带"和"21世纪海上丝绸之路"建设，建设连接印度洋陆路通道，拓展与南亚东南亚国家的经贸合作，构建开放型经济新体制，带动西南边疆地区的开放与开发，与周边国家形成命运共同体和利益共同体。

（3）印度

印度是孟中印缅经济走廊建设的重要参与者，印度的西孟加拉邦及东北部是印度参与孟中印缅经济走廊建设的主要地区。印度政府对参与孟中印缅经济走廊建设的利益诉求主要是：以孟中印缅经济走廊为主轴带动印度东北部地区的开放与开发，扩大对中国的贸易，搭上中国发展的快车。印度也面临着沿海地区和内陆地区发展不平衡的问题，印度政府希望以孟中印缅经济走廊建设为契机，扩大内陆开放，缩小内陆和沿海地区的发展差距，维护边界安全；并希望通过参与孟中印缅经济走廊建设助推其近年大力推进的"向东看""向东干"政策，主要是带动"印度—缅甸—泰国—老挝—越南的陆路通道""印度－湄公河经济走廊""印度－太平洋经济走廊"发展战略的实施，加强印度与东盟的互联互通建设。

（4）缅甸

尽管仍处在政治转型期，但作为孟中印缅经济走廊建设的主要受益者，缅甸对该走廊建设的态度还是比较积极的。缅甸十分重视借此拓展与中国和印度两个周边大国的经贸合作关系，视参与建设孟中印缅经济走廊为其政治转型、经济改革、吸引投资的一大契机。缅甸参与孟中印缅经济走廊的利益诉求，主要是借力中国、印度两大新兴市场，改善与邻国互联互通基础设施，发展跨境贸易，推动经济改革，解决边境安全问题。从缅甸国家的长远规划看，缅甸还希望通过与印度、中国、孟加拉国以及泰国互联互通基础设施的改善，有效均衡缅甸南北即以仰光为中心的南部地区和以曼德勒为中心的北部地区的发展，形成两个增长极，增强缅甸整体的竞争实力，实现缅甸重回东南亚发达经济体宝座的发展目标。

2. 四国对建设孟中印缅经济走廊的共同关切

孟中印缅四国对建设孟中印缅经济走廊的共同愿望是改善与邻国互联互通基础设施，吸引投资、扩大贸易，改善民生、消除贫困，促进地区经济发展与边境和平稳定。孟中印缅都是发展中国家，都处在经济社会发展的关键时期，四国都希望通过开展区域、次区域合作，挖掘自身潜力，实现优势互补、共同发展。这就是孟中印缅经济走廊建设最基本的共同关切和共同利益契合点。

当前，孟中印缅经济走廊已进入实质性建设阶段。孟中印缅四国应充分利用经济走廊沿线地区丰富的资源、广阔的市场，通过密切产业合作、创新合作模式，充分发挥孟中印缅地区的经济增长潜力，做大经济走廊建设的利益蛋糕。同时，孟中印缅四国还应在经济走廊的建设过程中，更加明确各自在经济走廊建设过程中的利益诉求，以更加开放包容的心态加强政策沟通，既努力维护自身在参与经济走廊建设过程中的利益收益，同时也充分照顾他国在参与经济走廊建设中的利益关切。一方面，孟中印缅四国应从经济走廊沿线人民的利益出发，建立多层次合作对话协商机制，科学合理地制定经济走廊的线路和走向、先建后建路段等建设规划。另一方面，孟中印缅四国应进一步拓展经济走廊建设的互利互惠空间，深化各领域互利合作，加强经济走廊建设利益融合，建立经济走廊建设的利益均衡机制和争端解决机制，逐渐形成孟中印缅经济走廊建设的利益共同体。孟中印缅四国只有在"追求本国利益的同时兼顾他国的合理关切，在谋求本国发展的过程中促进各国共同发展"，[①] 依托地缘经济积极构建互利共赢的战略伙伴关系，共同打造地区利益共同体和命

---

① 《习近平：中国的发展非我赢你输 决不称霸搞扩张》，中国新闻网，ht-tp：//www.chinanews.com/gn/2012/12－05/4385579.shtml。

运共同体，才能使经济走廊建设取得更多的实质性进展。

（二） 注重发挥中印两国主导作用

孟中印缅经济走廊建设涉及四个国家，其中就有中国和印度这两个大国。孟加拉国和缅甸与中国和印度的经济结构、规模的不对称性，客观上使经济总量和国际影响力突出的中印两国的合作进程直接决定了孟中印缅经济走廊建设的进程。美国经济学家奥尔森等已经用大量证据表明，在各种多边组织中，大国必须以两种方式承担更多的成本：要不就是自身具有能力和实力，单边地向成员国提供公共利益和公共产品；要不就是有能力通过向相关国家"收税"，为成员国提供公共利益。同样，从孟中印缅经济走廊建设的实际情况看，发挥中印两个大国在区域合作中的主导作用，共同提供区域合作的公共产品至关重要。因此，孟中印缅经济走廊建设应该采取以中印双边合作带动多边、以局部突破带动整体发展、最终促成整个区域经济一体化的路径。

实际上，中国选择通过和印度联合提出孟中印缅经济走廊构想的方式和此后中方多次向印度表示的"共同推进孟中印缅经济走廊建设"的意愿，都体现出中国目前希望通过联合提供公共产品或分割主导权力的方式来推进孟中印缅地区的区域合作。印度出于地缘政治等方面的考虑，一方面不希望完全由中国来主导该地区的国际机制建设，一方面也有意愿为这一地区提供一定的公共产品，前提是必须符合其国家利益。这就意味着在孟中印缅经济走廊的建设过程中，在对话机制、地区安全和地区市场规则方面，中印双方要通过深入细致的谈判、协商，对国际机制和区域公共产品的构成使用等问题率先达成共识，进而带动孟缅两国的共同参与。然而要做到这一点，关键是要弄清印度在区域合作中的主要需求是什么，找到中印双方在孟中印缅经济走廊建设中的共同关切和利益契合点。

2014 年 9 月中国国家主席习近平访印期间，印度总理莫迪在与习近平主席会谈中表示，印度希望扩大在医药、制造业等领域对中国的出口，促进两国贸易平衡增长，同时也欢迎中国参与印度的电力和铁路等基础设施建设；而且印度还将研究参加孟中印缅经济走廊和亚洲基础设施投资银行的倡议，并期望加强两国在人文领域的合作。[①] 其间，中印两国签署了《关于构建更加紧密的发展伙伴关系的联合声明》，决定在中印战略经济对话平台上探索两国经济合作新领域，重点包括推进在产业投资、基础设施建设、节能环保、清洁能源、高技术、城镇化等领域的合作；在服务贸易方面，重点合作领域包括旅游、电影、医疗保健等。[②] 当然，此次习近平主席访问印度的成果中，

① 《习近平同印度总理莫迪举行会谈　构建更加紧密的发展伙伴关系　共同实现和平发展合作发展》，中国外交部网站，2014 年 9 月 18 日。

② 《中华人民共和国和印度共和国关于构建更加紧密的发展伙伴关系的联合声明》，中国外交部网站，2014 年 9 月 19 日。

中国将在印度古吉拉特邦和马哈拉施特拉邦建立两个工业园区无疑是亮点之一，而且中国承诺在接下来的五年内向印度投资200亿美元，促进印度工业和基础设施的发展。确定的重点项目包括：金奈—班加罗尔—迈索尔路段提速；中国为印度培训100名铁路技术官员；车站再开发；在印建立铁路大学；建设一条高速铁路等。

由此可见，在中印双边合作中，印度的主要关切是基础设施建设、产业投资、贸易平衡和人文交流合作，而这些领域也正是中方倡导的孟中印缅经济走廊建设的重点领域。因此，建立孟中印缅经济走廊国际合作机制的路径选择，应该是以大国双边促多边。即首先在中印战略经济对话平台上协商落实"中印联合声明"中提出的合作意向和项目，在此基础上由中印两国牵头，联合缅孟建立四国政府层面的合作协调机制，签署孟中印缅经济走廊的具体协议和执行条款，落实"孟中印缅地区合作论坛"上各方已经达成的"一轨主导，多轨并行"的共识。

（三）加快构建国际协调机制与合作平台

1. 推动形成"一轨"领导下的"多轨"合作格局

要推动形成"一轨"领导下的"多轨"合作格局，在国际层面首先要落实"中印联合声明"和第八次孟中印缅经济合作论坛上签署的"内比都声明"中提出的建立政府（"一轨"）、学术界（"二轨"）及私人企业共同参与的"一轨主导，多轨并行"的合作机制。一是要建立孟中印缅四国政府间的合作机制，签订四国政府间协议，制定基础设施建设及贸易、物流、人流便利化政策措施，落实论坛提出的建议。二是孟中印缅地区经济合作论坛等"二轨"机构作为联系四国政府和民间企业的桥梁，要进一步加强论坛和联合工作组之间的协调互动，为政府决策和企业投资提供咨询，努力推动两个平台相互促进、互为补充、相得益彰。加强多边和双边合作研究。三是孟中印缅四国的商会和企业应尽快运作民间机制，加强孟中印缅经济走廊建设商务理事会工作。四国政府、商界、学界应协同、联动，共同努力推动孟中印缅经济走廊建设。①

2. 建立孟中印缅四国合作的首脑协调机制和部长级协调机制

参照既有的大湄公河次区域经济合作及 2015 年启动的澜沧江—湄公河合作机制的成功经验，要着力推动建立孟中印缅经济走廊建设部长级会议机制，每年举行一次，下设专题论坛和工作组。由孟中印缅经济走廊建设部长级会议商讨确定合作

---

① 参见任佳《孟中印缅地区经济合作与经济走廊建设构想》，《东南亚南亚研究》2014 年第 1 期。

的框架、原则、主要领域和优先项目，待若干年条件成熟后再建立孟中印缅四国合作的首脑会议（峰会）机制，即孟中印缅经济走廊领导人会议，在昆明设立联合办公机构。争取将峰会作为经济走廊建设的最高决策机构，每两年召开一次，各成员国按照国名字母顺序轮流主办。

3. 推动孟中印缅四国签订"孟中印缅经济走廊政府间合作协议"

中国作为该地区最大的经济体要积极推动经济走廊建设合作机制的制度化建设，推动孟中印缅四国签订"孟中印缅经济走廊政府间合作协议"，秉承共商、共建、共享精神，在各国政府层面明确提出经济走廊建设的目标、原则、优先合作领域、早期收获和重大项目等，加强顶层设计、实现高位推动，加速四国的经济合作与整合。中国应发挥在孟中印缅经济走廊建设中的建设性、主导性作用，推动不断完善四国合作的内容和方式，共同制定时间表、路线图，并积极对接缅印孟三国的国家发展和区域合作规划。

4. 尽快建立"孟中印缅经济走廊省长论坛"

借鉴大湄公河次区域经济走廊省长论坛的经验模式，推动建立"孟中印缅经济走廊省长论坛"，为经济走廊沿线省（市、府、邦）政府和企业参与制定合作规划、政策措施及重大项目建设搭建互动沟通平台。作为地方性合作机制，"孟中印缅经济走廊省长论坛"应每年举办一次，在各国中央政府的指导下，经济走廊沿线省（市、府、邦）的合作各方以此为平台保持经常性的经济走廊建设总体规划、专项规划及优先合作领域的对接和沟通工作，共同研究制定区域发展政策和产业政策，形成在基础设施建设、通关便利化、产业园区合作、人文交流和重大开发项目上的协调与配合，合理发挥次国家政府在推动经济走廊建设过程中的自主权和能动作用，推动各国中央政府加大对孟中印缅经济走廊的战略投入。同时，促请孟中印缅四国政府尽快签订《孟中印缅地方政府间合作原则协议》，四国各选出经济互补性强的若干个省（市、府、邦）开展结对合作。完善中国云南、四川、重庆、广西等相关省、区、市与印孟缅三国相关省、邦、州政府部门间的协作机制，加强相互间的密切往来，强化沟通协调，研究建立双方重大项目推进机制，加快投资贸易便利化进程，协调解决中方企业在经济走廊投资合作重大项目建设中遇到的相关问题。

5. 建立经济走廊互联互通合作机制

首先推动成立一个定期召开的"孟中印缅互联互通高层论坛"，四国相关政府部门、智库和媒体的高级代表通过这个平台就互联互通领域的合作进行高层次的商讨，从战略高度和长远发展视角出发，为孟中印缅互联互通的机制化做好理论和舆论准备；四国的交通、贸易、文化教育等部门在此基础上建立相应的对话机制和协调工作机制，以推动互联互通各领域工作得到落实。在条件成熟时成立正式的官方合作机构（如"孟中印缅基础设施建设项目规划协调委员会"），由该机构根据需要制定总体规划，决定优先项目、合作方式、利益分享机制和多渠道争取资金的方式，促进四国互联互通合作的有关协议和文件的落实，规划四国各领域合作的方向和重点，并与联合国亚洲及太平洋经济与社会理事会、亚洲开发银行等国际合作机制在这一地区的规划路线对接，为区域互联互通相关项目的建设和运营管理等提供必要的政策和其他支持。

6. 逐步推进贸易投资便利化、自由化的平台和制度建设

（1） 促进贸易投资便利化

在通关便利化方面，一是孟中印缅经济走廊建设的相关各国应共同推进建立通关便利化的协调机制。启动孟中印缅交通、通关便利化磋商谈判，适时制定和实施区域客货过境运输便利化协议。参照大湄公河次区域经济走廊过境客货运输便利化示范项目的实施经验，在孟中印缅区域选择若干重点口岸，实施区域内客货过境运输便利化试点，积累经验后加以推广。二是孟中印缅经济走廊建设的相关各国应通过在

边境地区建设边境经济合作区、特殊经济开发区和工业园区等，在改善市场准入、取消非关税壁垒、贸易便利化、加强通关基础设施建设、协调通关程序等方面采取措施，消除贸易壁垒，积极发展边境贸易、过境贸易和转口贸易。孟中印缅四国政府可实施针对其他成员国的出口商品零关税政策，指定区域内部分口岸作为转口贸易口岸。三是推进孟中印缅四国通关、换装、多式联运的有机衔接，逐步形成兼容规范的运输规则，建立报关信息共享机制，推进技术标准体系的对接，促进沿线国家信息互换、监管互认、执法互助以及检验检疫、认证许可、标准计量、统计信息等方面的合作。四是孟中印缅经济走廊建设的相关各国应签署相关便利化协定。积极推进签署贸易投资保护、避免双重征税等协定，修改、完善已签署的协定，积极消除贸易投资壁垒，保护企业、投资者的合法权益。协调解决贸易争端、工作签证、跨境合作、过境运输、投资环境、融资需求、优惠政策等方面的问题，实现运输便利化。

（2）推动建立孟中印缅自由贸易区

在孟中印缅四国之间的贸易依存度发展到一定水平之后，可以进一步考虑区域贸易合作的机制化问题，即建立"孟中印缅自由贸易区"。中国—东盟自由贸易区已经建成，中国和缅甸已成为中国—东盟自由贸易区的一部分；"印度东盟自由贸易协议"也于 2010 年开始生效，印度和缅甸也是"印度—东盟自由贸易区"的一部分。中国、印度和孟加拉国都是《亚太贸易协定》的成员国，相互之间已经有了关税减让的协议和经验。印度和孟加拉国都是"南亚自由贸易区"的成员国，该自由贸易区于 2006 年正式启动。此外，中国、印度和缅甸都是世贸组织成员国。可以说，孟中印缅四国之间已存在着一个间接的自由贸易网络："中国—东盟（缅甸）—印度""印度—南盟—孟加拉国"。因此，如果各方有建立自由贸易区的意愿，孟中印缅经济走廊四国已具备了启动多边自由贸易谈判的基础。[①] 一旦自由贸易区得到落实，随着孟中印缅四国相互之间贸易成本的下降和贸易限制取消，区域经济一体化的程度必然得到质的提升。

（3）扩大投资领域的开放

投资领域的开放包括农产品加工、工业、服务业开放。农产品加工和工业方面，选择装备工业、机械电子工业、汽车摩托车农用车装配工业、生物产业、医药产业、农产品加工业、珠宝加工业等扩大开放。服务业方面，选择金融服务、商贸服务、文化服务以及社会服务领域扩大开放。取消准入限制，降

---

① 刘鹏：《孟中印缅次区域合作的国际机制建设》，《南亚研究》2014 年第 2 期。

低准入门槛，暂停或取消投资者资质要求、股比限制、经营范围限制等准入限制措施（银行业机构除外），营造有利于各类投资者平等准入的市场环境。

（4）建设"孟中印缅经济走廊门户网站"

为推进孟中印缅国家间的信息沟通、经贸往来，云南省可以积极承建"孟中印缅经济走廊门户网站"。网站主要内容可包括资讯、货物贸易、服务贸易、投资服务以及相关的政策法规等信息。各成员国政府部门或企业都可以在线发布信息，与其他成员共享商务信息，并可实现企业介绍、产品展示、在线交易、在线支付等电子商务功能。以促进区域内各国货物贸易、服务贸易与投资等相关产业合作发展为目的，为中国和孟印缅各国企业和人民提供政策、商讯等方面的及时、权威和全面的信息。

7. 推进经济走廊投融资机制平台建设

（1）建立多渠道投融资机制

孟中印缅次区域经济发展水平相对滞后，开发合作启动的关键因素在于资金。孟中印缅四国要携起手来，共同创造更好的软、硬投资环境，增强对国际投资的吸引力。一是孟中印缅四国需要联合争取国际组织和其他方面对孟中印缅地区的经济合作给予资金、技术和智力支持。积极争取联合国开发机构、世界银行、国际各种基金组织、发达国家政府和民间机构、跨国公司、私人投资者来经济走廊沿线地区投资开发。而为了有效地吸引外来资金，需要建立有进有出的投融资机制。二是充分利用亚洲基础设施投资银行、"丝路基金"等平台和资源，为孟中印缅四国在能源和基础设施等领域的合作提供资助。三是我国作为该地区最大的经济体，可以积极通过贴息贷款等措施，鼓励我国企业出境投资办厂、金融组织出境开设机构，加大投入力度，调动各方力量为经济走廊的建设服务。

（2）建立孟中印缅经济走廊建设基金

该基金应由中方发起成立，以中印两国的国家投资开发银行等金融机构为主，也可联合印度、缅甸、孟加拉国的国家银行和区域性金融机构共同建立。该基金可为经济走廊的重大项目提供资金支持，用于我国与印缅孟在基础设施建设和互联互通、农业、能源资源、信息通信、文教卫生、环保、可持续发展等领域，对在孟中印缅经济走廊投资的企业，给予贴息贷款等信贷支持。①

---

① 参见任佳《孟中印缅地区经济合作与经济走廊建设构想》，《东南亚南亚研究》2014 年第 1 期。

(3) 扩大金融领域的合作

随着孟中印缅四国经济合作和投资机会的增多，对金融服务业也提出了更高要求。要进一步扩大金融业的开放，吸引更多金融机构入驻四国毗邻地区，创新跨境金融服务，扩大金融服务范围。深化跨境金融合作与交流，建立央行、金融机构的互动机制，建立跨境金融服务中心，加强资本、货币、保险等领域的合作，扩大货币互换规模，畅通资金结算通道，提升贸易投资便利化水平。设立人民币国际投贷基金，扩大人民币双向贷款和直接投资规模。引导更多国际资金、民间资本共同参与经济走廊建设，积极解决建设资金不足的问题。加大打击跨境金融违法犯罪活动的力度，营造良好的金融合作环境。

(4) 加快昆明区域性国际金融中心建设

进一步夯实构建金融中心的经济基础，在昆明建立区域性人民币跨境结算中心及区域性投融资金融中心，特别是人民币供应与回流中心，以满足跨境贸易结算的需要及区域内经济发展的资金需求。同时，积极争取国家政策支持，提高金融创新能力，争取把昆明建设成为区域性金融改革综合试验区，加快建立一个以昆明为金融集聚中心的，服务大西南，面向南亚东南亚的多层次金融市场体系。

（5）加快瑞丽次区域跨境人民币金融服务中心建设

按照"一核两翼、联动发展，一区多园、政策叠加"的工作思路，着眼瑞丽姐告边境贸易区"境内关外"的税收优惠政策，发挥其享有的免税、退税等税收政策优势，试点开展人民币离岸金融业务，全力推进人民币与缅币兑换机制、人民币现钞调运与回流机制以及人民币离岸业务的创新发展。

（6）加快推进人民币区域国际化

逐渐加快人民币实现资本项目下的可自由兑换，并通过完善制度和调控，建立有效的促成人民币国际化的推进机制。进一步拓展人民币跨境业务，加快推进多边贸易结算合作，推动国家与印缅孟三方签订"货币流通和清算协议"，建立云南与南亚国家间以人民币为中心的跨境资金支付结算体系，进一步巩固、提升人民币在区域内的地位与作用。逐步推进区域内经济体签订货币互换协议，并积极推动金融机构互设分支机构，构建区域性人民币结算机制，以建立健全通畅的人民币回流机制。

8. 产业合作机制平台建设

要抓住全球产业重新布局机遇，充分发挥交通联通带来的人流、物流、资金流、信息流以及低成本优势，加强互补性的产业合作，发展壮大各具特色的优势产业，建立一批外向型产业基地，促进区域分工、优势互补、共同发展，将"交通通道"变为"经济走廊"。

（1）建立政策协调和磋商机制

发生在生产领域的国际经济合作比国际贸易更加深入，涉及领域更为广泛，是对国家发展和国家安全更具影响的合作。因此，建立政策协调机制是关键，必须建立从国家到地方不同层次的政策协调机制，加强各国利益冲突的协调和管理，防止因内部利益冲突而降低开放的效率。在条件成熟时可考虑建立"产业合作及园区建设委员会"（工作小组），统筹协调产业合作及园区建设、规划和实施，形成有效的磋商协调和管理机制。同时，应制定相应的投资鼓励政策。建议孟中印缅四国联合研究制定并发布《经济走廊产业合作导向及投资指南》，并在原有的外资政策和投资指南的基础上，针对经济走廊中合作产业和园区建设列出《建设项目目录（或产品目录）》，将给予的财政、税收、产业支持等优惠政策一并公布。此外，还应创新境外投资机制，支持境外在云南企业承担孟中印缅经济走廊国家地区的项目，由云南省政府设立建设专项资金，给予重点支持和倾斜。

（2）推进孟中印缅经济合作园区建设

要加强产业协作，充分利用四国的比较优势，大力开展优势互补的产业合作，积极推进产业协作和分工，优化提升产业结构，提高国际竞争力。要充分考虑孟中印缅经济走廊沿线各国的产业特点、能力和潜力，依托昆明、曼德勒、达卡、加尔各答等重要城市，建立一批共同合作的相关产业园区，"以点带面"，大力推进孟中印缅经济带、产业带和城镇群的形成，形成梯度产业转移体系，共同提升区域经济竞争力。

印度已邀请中国公司在印度建设国家投资和制造业园区，以缩小印度对华贸易逆差。印度也已在北方邦、哈里亚纳邦、安德拉邦、古吉拉特邦等区域建设现代化工业园区。此外，还可以考虑在四国交通沿线、中心城市、商贸节点市镇布局产业园区，如建立农产品加工区、农用机械化肥农药产业园区、印度软件区、医药区，以及高科技工业园区、纺织品工业园区、印度畜牧业及奶产业园区、特色农业种植园区等；优先启动云南（滇中产业集聚区）和西孟邦工业园区或经济特区。在昆明、红河、大理、瑞丽、西双版纳、保山等建立金融中心、跨境旅游集散地、电子商务中心、跨境体育赛事基地等。

（3）以园区建设促进相互投资

以园区共建和发展"飞地经济"为核心，鼓励国内企业在云南经济走廊交通沿线、中心城市、商贸节点市镇、边境城镇、特色农业区等地建立产业园区、经贸合作区、边境（跨境）经济合作区，扩大投资、带动产业发展。积极鼓励中国企业在印度、缅甸、孟加拉国开展产业合作，投资建设"中国投资和制造业园区"，加快合作建设好密支那经贸合作区、皎漂经济区。支持三国赴云南投资建立特色产业园区，鼓励在云南滇中产业聚集（新）区，建立软件、医药和高科技等工业园区。支持在瑞丽等地建立印度畜牧业及奶产业园区、缅甸种植园区等。

境外经济合作区、跨境经济合作区作为产业集聚区，是推动我国企业"走出去"和开展国际产能合作的重要平台。这些跨境经济合作区所拥有的特殊的产业政策、财税政策、投资贸易政策可为双边的产能合作创造良好的环境和条件。如2015年12月，中国中信集团公司联合体中标缅甸皎漂经济特区的工业园和深水港的开发建设权，而纺织服装业、建材加工业、食品加工业等是规划入园的主要产业；该项目不仅可以带动我国纺织、建材、食品加工等相关产业"走出去"，还可以带动相关装备制造产品的出口，促进中缅之间的产能合作。

9. 建立孟中印缅人文交流机制

"国之交在于民相亲，民之亲在于心相通。"加强孟中印缅人文领域的交流与合作，对于增进相关各国人民之间相互了解和增进感情具有重要意义。要立足于扩大往来、深化了解、增进友谊、促进发展，以教育、卫生、科技、文化、人力资源开发等领域为重点，充分发挥高等院校、研究机构、新闻媒体、民间组织和行业协会在对外文化信息服务、行业自律、人才培训、标准制定、国际交流等方面的重要作用，构建政府、社会、企业与民间国家文化交流互促共进的新型合作机制。增进四国人民的相互了解和友谊，丰富孟中印缅经济走廊内涵，为孟中印缅经济走廊建设夯实民意基础、拓展发展空间。

（1）成立高层次的"孟中印缅人文交流委员会"

建议成立孟中印缅高级别人文交流委员会，让四国的相关政府部门和民间机构的代表利用这个平台就教育、科技、文化、媒体、体育和青年等领域的合作进行商讨。同时在"孟中印缅人文交流委员会"下分别成立各国的"孟中印缅人文交流促进会"，使各国都有专门的机构来负责推动这一领域的合作事项，并负责具体实施"孟中印缅人文交流委员会"做出的决策。其主要目的在于促进孟中印缅人文交流的具体化、项目化、长期化，逐步建立长期合作的"长效"文化交流合作机制。

（2）搭建政府高层教育交流磋商机制

在教育领域，开展孟中印缅四国教育高层的对话，争取举办"孟中印缅教育合作论坛"，促进教育交流合作，四国政府可以在共同协商的基础上签订《孟中印缅教育合作计划》，为这一领域今后的合作做出总体规划，并在政策上为教育合作提供保障和支持。在这样一个计划的保证下，还可以开展孟中印缅教育政策的对话，争取建立四方共同认可的质量标准，制定相互认证和承认学位学历的相关规定和制度。在孟中印缅之间互相设立促进教育合作的办事机构，通过教育合作办事机构，介绍和宣传各个国家的教育优势和特点，并为孟中印缅四国的学生到对方国家学习提供中介服务。在此基础上逐步构建高层、长效的孟中印缅合作机制框架下的人员和人文交流合作协调机制，在学术研究和交流、媒体宣传、教育合作、文化传播、扶贫发展、公益慈善事业等方面加强区域各国间的交流合作，促进民心相通。

（3）建立学界及青年的互访交流机制

人员交流是国家之间交流合作的基础。在开展孟中印缅地区之间人文领域的合作方面，推进学者及青年的彼此往来显得特别重要。首先，应建立孟中印缅国家间科研院所、高等院校专家学者互访和学术交流的机制。支持孟中印缅专家、学者的考察、调研、学术交流。支持孟中印缅学者共同参与人文领域的合作研究，共同提出对策建议。通过经常性地共同召开国际学术会议，为学术交流创建良好的平台。其次，积极推动联合研究项目。通过双方对共同关心的研究项目进行联合研究，达到相互学习和相互促进的目标。同时，有计划地组织各类专业科研人员及团队到对方国家进行考察和访问,搭建交往的桥梁和平台。再次,不断开创新的合作领域。例如,我们可以鼓励四国学者共同翻译彼此国家的学术著作,为加强孟中印缅人民之间的理解和互信创造条件。最后,共同创办发行一本定期出版的杂志,使得四国的学者可以在这本杂志上发表各自的学术观点和看法。

从发展的眼光看,各国青年的交流是人文交流的根本所在。在这一方面,应逐步建立制度化的青年互访机制。例如,孟中印缅各国可分别组织数十人的青年代表团对其他三国进行互访,并组织代表团与当地青年进行丰富多彩的联欢活动。另外,还可以考虑组织孟中印缅四国的"青年学者论坛"、"青年企业家圆桌会议"、"青年艺术家联谊会"以及"青年工作者交流会"等活动,开辟更多青年交往的长效机制和渠道。这些活动对增进孟中印缅四国人民的相互了解、加深信任和发展友谊有重要的作用。

(4) 争取举办"孟中印缅媒体高峰论坛"

从长远看,要从根本上推动地区合作健康、可持续发展,离不开一个客观、平衡的舆论环境和准确研判对方言行的思维方式。无论传统媒体还是新兴媒体,都有责任带头一点一滴地培养成熟、理性的舆论环境。有鉴于此,可考虑争取在云南举办"孟中印缅媒体高峰论坛"。长期以来,孟中印缅四国媒体间的直接交流就很少，相互之间的报道中存在许多客观性问题，一些无中生有、断章取义、渲染歪曲的炒作，对国家关系与地区合作带来不少噪音和猜忌。因此，通过孟中印缅地区知名媒体"面对面对话"的方式，可以进一步减少误解、增进互信。同时还可以组织"孟中印缅媒体互访活动"，协调组织《云南日报》、云南国际广播电视台等媒体的力量，加强与孟印缅三方媒体的沟通合作。通过媒体互访的方式，更直接客观、更有质量的报道，为区域合作创造一个有利的环境。另外，四国之间还应努力开展媒体采访、影视节目交换、联合制作推广和展播等方面的合作，以促进孟中印缅经济走廊的建设。

10. 着力构建经济走廊旅游合作机制平台

旅游业是国际公认的贸易壁垒最少的行业，也是推进孟中印缅经济走廊建设的战略突破口。孟中印缅四国都是具有悠久历史和美丽风光的国家，旅游资源十分丰富。开展旅游合作，不仅有利于各自的经济发展，而且对增进人员往来、情感交流、互相了解和深化友谊都具有十分重要的作用。2014 年 7 月 14 日，中国国家主席习近平在巴西会见印度总理莫迪时也指出："推进孟中印缅经济走廊建设，各方要对接各自发展战略，在铁路等基础设施建设、产业投资等领域重点打造一批示范性项目，扩大旅游、服务、贸易、投资等领域合作，引领区域经济一体化进程。"① 习近平主席的这一倡议，得到了莫迪总理的认同和响应。在已有合作基础上，需要进一步加快四国旅游合作的平台和机制化建设。

（1）建立多层次旅游合作机制

尽快推动中国与孟印缅等国商签旅游合作框架协议，组织各国旅游部门及旅游企业，对区域内黄金旅游线路进行考察，共同研究、设计突显各国特色的旅游产品和旅游线路，形成合作开发客源市场、联合宣传促销、共建旅游环线的机制，创办优惠条件吸引彼此的旅游企业到对方设立旅游办事机构。中国的旅游企业或者机构可以到孟加拉国、印度、缅甸设立办事机构，孟加拉国、印度、缅甸的知名旅行社也可按对等方式在中国设立合资、独资旅行社和办事机构，以加强孟中印缅旅游机构及企业间的沟通、协调及服务，促进旅游业共同发展。

（2）构建孟中印缅经济走廊国际旅游合作圈

孟中印缅四国彼此之间应制定切实可行的旅游团队过境手续便利化措施，简化游客出入境手续，逐步推动区域内各国间实施落地签证，消除区域旅游障碍，优化旅游线路，打造旅游

---

① 《习近平会见印度总理莫迪》，新华网巴西福塔莱萨 7 月 14 日电。

精品，积极推进跨境旅游，最终形成无障碍跨国旅游圈；要共同建立旅游信息网，交流各自的旅游资源和信息，相互推荐优秀旅游景点，联合建设旅游服务设施，共同开发具有互补性的旅游产品。

（3）建设孟中印缅旅游信息共享网络平台

构建孟中印缅旅游信息共享网络平台，发布旅游景点及相关资讯，方便民众及时了解各国旅游信息，并通过旅游平台发布各国旅游业信息，加强区域内旅游企业的相互投资和合作。孟中印缅各方应积极组织和鼓励本国的旅游企业以资金、技术和管理等形式到其他三国以或独资或合资或合作的方式进行旅游开发，并对投资者给予政策上的优惠和服务上的最大便利。各国的旅游企业应建立良好的合作关系，推动合作的逐步扩大和加深。尽可能整合资源，促成旅游圈构建旅游战略联盟，组建跨国经营的旅游企业，真正实现孟中印缅旅游圈的互惠共生，共同发展。

（四）借鉴东盟模式着力推行"4－X"的合作机制

1. 在孟中印缅经济走廊建设中推行"4－X"机制的必要性

如前所述，由于相关国家政治互信不足、孟印缅国内局势阻碍、沿线地区经济基础薄弱、民族宗教背景复杂以及交通基础设施联通不畅等因素的影响和制约，孟中印缅经济走廊建设进展缓慢，具体项目大多还停留在倡议和研究阶段，经济走廊建设总体规划迟迟未能达成。在目前的条件下，很难找到一批孟中印缅四国都同意实施并能受惠的项目。而经济走廊建设又是一个长期的发展过程，部分国家和地区由于不能从经济走廊建设中快速获益，容易动摇和减少参与经济走廊建设的信心和动力。基于目前全面推进经济走廊建设既不可行，也不现实的实际情况，有必要在孟中印缅经济走廊建设中借鉴东盟合作的"10－X"机制。

东盟为了加快内部一体化进程，采取了差异化的政策，规定只要有两个国家愿意、其他成员国不反对，合作项目就可以实施。东盟模式下的"N－X"机制所具有的灵活性与包容性，对区域合作的促进作用在东盟多个增长三角的合作中已得到充分体现，为孟中印缅经济走廊建设提供了有益的经验。因此，孟中印缅经济走廊建设借鉴东盟模式，推行"4－X"合作机制，挑选合作意愿相对强烈、合作基础相对稳固、合作条件相对优越的国家和地区优先开展局部、小范围经济走廊建设项目，可以降低因多方谈判所带来的合作成本，形成示范带动作用；有利于凝聚共识，灵活选择经济走廊的建设线路与合作领域，激发相关力量参与经济走廊建设的信心和积极性，不断提升孟中印缅四国战略互信和相互依存度，推动孟中印缅经济走廊建设早日取得实质性进展，并充分发挥其在我国"一带一路"和周边战略中的积极作用。

2. 孟中印缅经济走廊建设"4－X"机制的实施模式

孟中印缅经济走廊建设"4－X"机制的具体模式，即基于现实和技术考虑，在平等协商、互利合作和面向未来的基础上，只要有两个或三个成员国同意，而另外的成员国不持反对意见，就可以率先开展双边合作（4－2）或三边合作（4－1）。同时"4－X"机制是开放性的，即便是双边或三边合作项目，也可以吸纳其他成员国甚至域外国家企业的参与，以求在容易取得共识的范围内以灵活的方式开展合作，尽快取得实质性合作成果，并最终促使全部成员参与进来，最终实现四国共同参与、共同发展的目的。[①] 由于孟中印缅经济走廊的四国或接壤或毗邻，双边或三边合作项目确实可能发生外溢效应，影响到其他成员国。因此，把双边或三边合作项目置于孟中印缅经济走廊四国合作框架下实施，就可以提高透明度，减少其他成员国的猜忌和阻力。

在运作层面，遵循政府主导市场运作的政企模式，推进"4－X"合作项目实施。发挥政府的主导作用，引入市场化运作机制，形成以政府为主导、社会共同投资参与的政企、公私

---

① 参见李晨阳、邹春萌《"4－X"机制与孟中印缅经济走廊建设》，《世界知识》2015 年第 20 期。

合作模式。在地区层面，地缘特色与优势决定了云南省是我国参与孟中印缅经济走廊建设的主体省份，中方应充分发挥云南省作为中国"面向南亚东南亚辐射中心"区域的引领作用，支持以云南省为先导，在"4－X"机制下的项目选择中发挥引领作用。

3. 孟中印缅经济走廊建设中推进"4－X"机制的路径

一是率先启动单边或双边的合作项目，逐步带动多边合作。先推动"4－3"或"4－2"机制，即三边或双边的合作项目，以减少因政治制度、经济和社会发展程度以及利益诉求等方面的差异给跨境合作带来的障碍和摩擦。二是以交通基础设施互联互通为抓手，带动其他领域的合作。将交通基础设施的互联互通作为合作的优先领域首先突破，发挥示范效应，从而带动区域其他领域的合作。三是优先推进中缅、中孟"4－2"合作项目，发挥"4－X"机制的执行效率。根据孟印缅三国对参与经济走廊建设的不同态度，率先开展中缅、中孟之间的双边合作项目，再逐步推进中印、缅孟、孟印之间的合作项目。四是打造一批重点示范性项目，引领次区域经济走廊建设。在交通、能源等重点合作领域分别选择一到两个重点合作项目作为优先合作项目，将其打造成孟中印缅经济走廊框架下的旗舰项目。五是构建以合作领域为核心的合作架构，逐步推动多领域全方位的合作。在基础设施、能源、农业、制造业等重要领域分别成立专门的合作小组，构建以合作领域为中心的小核心，形成广泛而多层次的沟通渠道与协调网络。六是引入区域外合作伙伴，增加重大项目的合作成功率。适度引入亚洲开发银行、世界银行等国际性机构参与，争取更多的外部资金和技术支持，降低重大项目的政治敏感性，消除民众抵触心理。

4. 孟中印缅经济走廊建设中"4－X"机制下重点项目的选择

孟中印缅经济走廊合作的领域十分广泛，但并非所有领域、所有项目都需要或都适用于"4－X"机制。根据孟中印缅四国的优势产业和经济发展需求特点，应在基础设施互联互通、能源合作、产业园区合作、农业合作、旅游合作等重点领域选择示范性强、带动能力大的项目加以重点推进。

（1）"4－2"机制下推进双边跨境公路建设

开展中缅、缅印、印孟以及缅孟之间的双边跨境公路建设，优先考虑连接缺失路段，提升公路等级。中缅之间重点推进瑞丽—木姐、腾冲—猴桥—密支那、孟定—清水河—腊戍、打洛—景栋跨境高等级公路的建设；缅印之间重点推进曼德勒—穆德—莫雷—因帕尔高速公路的建设，逐步提升密支那—雷多公路等级；印孟之间重点推进阿加尔塔拉—马托布迪线公路的建设，提升印孟两国跨境公路道路等级，直接缩短孟中印缅经济走廊中线的距离。

（2）"4－2"机制下推动昆明—皎漂铁路建设

建设昆明—皎漂铁路，一方面将会迅速带动缅甸沿线制造业和物流业的发展，使皎漂获得更大的市场空间；另一方面能切实打通中国通往印度洋的国际大通道。虽然联通缅甸南北的仰光—曼德勒铁路对缅甸社会经济的发展具有举足轻重的作用，但没有在缅甸当前的经济发展中发挥主动脉的作用。鉴于昆明—皎漂铁路对中缅双方意义重大，可以考虑以援助缅甸改建经内比都的仰光—曼德勒铁路线为条件，尽快推动昆明—皎漂铁路建设。

（3）"4－2"机制下推进缅甸29个电站的开发建设

2016年2月2日，中缅两国政府正式确认，在缅甸全国民主联盟政府执政期内，由我国企业开发建设18个水力发电站项目。至此，我国企业在缅甸共获得29个水力发电项目的开发权。接下来，应尽快推进这些项目的开发建设，为孟中印缅经济走廊建设发挥示范带动作用。

（4）"4－1"机制下中缅印合作开发缅甸钦敦江水电站

2008年9月，印度和缅甸签署合作谅解备忘录，约定共同在钦敦江上建设德曼迪水电站和瑞实耶水电站。因双方对利益分配意见无法达成一致，2013 年两个项目暂停。缅甸现已将两个电站纳入未来水电开发规划之列。我方可以从中协调，将其作为中印缅三国合作开发的水电项目，延续三国在中缅油气管道上的良好合作，促成缅甸将钦敦江的水电输往印度东北部，减少印度未来对中国与缅甸能源合作的阻碍。

（5）"4－2"机制下建设皎漂工业园

2015 年 12 月 30 日，中信企业联合体中标缅甸皎漂经济特区的工业园和深水港项目。皎漂工业区与中缅昆明—皎漂铁路建设、皎漂港建设及中缅油气管道四者是相互配套的项目，是我国国家战略不可分割的有机构成部分。可以考虑将皎漂工业园作为孟中印缅经济走廊框架下的建设项目，以发挥项目的示范带动作用。

（6）"4－2"机制下推进孟加拉国吉大港 IT 工业园区建设

中国曾正式向孟方提议在吉大港卡纳普里河南岸建设特别经济区。2015 年 6 月 30 日，中孟两国正式签署投入资金达 7.05 亿美元的卡纳普里河河底隧道建设协议。借此良机，中方应积极推动将该工业园区的建设提上议程，可以利用印度在 IT 产业方面的优势，考虑吸纳印度参与合作，共同打造吉大港 IT 工业园区。

（7）"4-2"机制下建设缅北现代农业示范区

支持云南省的边境州市如临沧市、德宏傣族景颇族自治州、保山市推进与接壤的缅北地区建设农业开发合作区、农业示范园区，让边境州市先行先试，发挥示范和带动作用。缅甸政府高层对于把克钦邦密支那以北至德乃地区合作开辟为甘蔗种植园区，并进行深加工的建议很感兴趣，近期可考虑率先推进该项目。

（8）"4-2"机制下构建孟中印缅旅游圈

2008 年云南省提出了构建"孟中印缅旅游圈"的设想，即在未来 5 至 10 年内构建以缅甸北部、西部和印度东部、东北部以及孟加拉国和中国云南省为核心的旅游合作圈。2015 年 6 月 11 日，中印在昆明举行经贸旅游合作论坛，双方官员达成共识，要着力构建孟中印缅旅游圈，该项目具有很强的示范和带动作用。

（五）积极构建国内参与孟中印缅经济走廊建设的平台机制

中国作为孟中印缅经济走廊建设的倡导者，在推进孟中印缅经济走廊平台与机制建设的进程中，也要在国内层面积极构建和提升商贸、物流、金融、产业园区、公共事务、人文、教育、生态环境、能源及矿产交易等各种合作平台和基地，这样才能在孟中印缅经济走廊建设中发挥支撑和先导作用。

1. 重点产业园区合作平台

充分发挥云南在孟中印缅经济走廊建设中的前沿阵地作用，综合考虑通道、节点城市、人流、物流等要素，依托昆明、大理、楚雄、保山和瑞丽等经济走廊沿线城市已建产业园区，结合产业发展优势和特点，以"园中园"的形式建设合作园区，以此作为抓手和平台，打造一批外向型重点产业园区，"以点带面"，通过产业协作和分工，优化提升产业结构，推进孟中印缅产业带和城镇群的形成。

（1）滇中产业新区和孟印缅合作园区

发挥滇中产业聚集区交通区位较好、基础设施和其他公共设施配套齐全、人口规模和可用土地面积较大、经济基础相对坚实的优势，提供土地并实行部分免租，在财税方面给予优惠政策等措施，吸引孟印缅国家来此投资。积极与印度合作建设产业园区，以软件信息、生物医药和高科技等为园区主导产业。同时可探索在滇中产业新区设立昆明—班加罗尔软件合作示范园，与缅甸进行珠宝、农产品贸易和展示合作。滇中产业新区与孟加拉国可在纺织、水产品、珠宝等方面进行合作。

（2）昆明工业园区

在昆明工业园区内设置装备制造业工业园区、中印软件园区、农产品深加工园区、化学工业园区、新能源工业园区、林产品加工工业园区和现代商贸物流基地等若干产业园区。

（3）楚雄畜牧业和天然药业工业园区

楚雄畜牧业和天然药业工业园区专业发展畜牧业和承接科研服务外包业务，集聚高新技术企业，建立天然药物生产、研发中心。

（4）大理矿冶、机械、能源、建材及优势农产品加工园区

在大理园区先建立矿冶工业园区、机械加工工业园区、新能源工业园区、建材工业园区和优势农产品深加工园区，进而带动其他工业园区的建设。

（5）保山工业园区

保山工业园区主要布局特色农业、生物制药、新能源、建材、商贸物流、矿产资源加工、轻纺产业园区，努力建设成为国际区域合作的工业基地。

（6）腾冲、瑞丽工业园区

该工业园区主要布局能源工业、有色金属工业、非金属工业、机电产品加工业、摩托车组装加工业、农机加工业、家电产品加工业等。

（7）姐告—木姐中缅产业合作园区

发挥瑞丽沿边重点开发开放试验区优势，以中国瑞丽姐告—缅甸木姐跨境经济合作区为基础，建设产业合作园区，重点在装备、电子信息产品、食品、轻纺、木材深加工方面开展合作。

2. 经贸合作平台

（1）建设一批区域商贸中心

依托昆明、大理、保山等主要节点城市，以及瑞丽、勐阿、腾冲、孟定、章凤等口岸城镇，加快改造建设一批内外贸一体化的商品交易市场，以及集加工、包装、集散、仓储、运输等功能于一体的区域性商贸中心和配送中心。

（2）构建边境经济合作平台

以中缅瑞丽—木姐跨境经济合作区为突破口，发挥瑞丽重点开发开放试验区示范带动作用，依托瑞丽、畹町、章凤、腾冲（猴桥）等口岸，加快建设瑞丽、畹町、腾冲（猴桥）边境经济合作区，以边境旅游、跨境物流、过境贸易、跨境金融、进出口加工等外向型产业为重要抓手，培育国际商品交易，翡翠等珠宝交易、期货，矿产资源商品交易、期货"三大贸易市场"；搭建境外投资、招商引资、投融资"三大投资平台"；积极探索与周边国家的跨境经贸合作新模式、安全便利的边境管理新体制以及口岸通关便利化和一体化发展新形式；形成经济高度开放、贸易高度自由、投资高度便利、监管高效安全的发展体制机制，促进沿边开发开放，为孟中印缅经济走廊建设提供强有力的支撑。

第一，加快瑞丽—木姐跨境经济合作区体制机制创新，打造跨境经济合作区新优势。在此基础上，结合中缅贸易和未来经济走廊的发展要求，推进缅甸密支那境外经贸合作区建设，并在此基础上形成新的跨境经济合作区，扩大跨境经济合作范围和形式。按照先易后难原则，逐步推动跨境经济合作区向更高层次发展。在提升省级边境经济合作区发展能力的基础上，积极争取设立国家级边境经济合作区，促进沿边地区产业形成集群、聚集发展。

第二，深入推进瑞丽、勐腊（磨憨）重点开发开放试验区建设，进一步理顺试验区管理体制，深化行政管理、金融、土地、人才开发等体制机制改革，构建开放、高效的创新型体制机制。促进产业发展和国际经济技术合作，推进进出口加工等产业发展，抓好试验区有关规划的实施和重大项目建设，将试验区建设成为国际物流基地、进出口加工基地、跨境旅游基地、民族文化交流基地和跨境电子商务基地，实现资本聚集、产业聚集和人口聚集，增强综合服务和经济辐射功能。

第三，加强口岸建设。加快完善沿边重点地区口岸服务功能，建设服务沿边地区开发开放的重要开放门户和跨境通道枢纽，创新口岸监管模式，提升通关便利化水平。整合现有监管设施资源和查验场地，推进口岸监管场所规范化建设。加快建设农产品、汽车整车、药品等进口指定口岸。积极推广区域通关一体化监管模式，加快云南电子口岸通关服务平台和国际贸易"单一窗口"建设，推动实行信息互换、监管互认、执法互助的通关监管模式。积极争取援外资金协助周边国家改善口岸基础设施建设，支持在重点口岸建设多式联运物流监管中心，建设一批以跨境物流产业为核心的口岸城镇。

（3）提升南博会等展会的水平和层次

继续办好中国—南亚博览会、中国昆明进出口商品交易会。提升孟中印缅地区合作论坛、中国—南亚商务论坛、中国（昆明）国际花卉展和昆明泛亚国际农业博览会等展会活动的规模和层次，将昆明市建成面向东南亚南亚的区域性国际会展中心。

进一步提升中国—南亚博览会层次。把举办中国—南亚博览会与我国"向西开放"和"一带一路"建设结合起来，进一步明确定位、完善机制、丰富内涵，引导中国—南亚博览会由货物贸易向服务贸易、由进出口向"走出去"延伸，并以此为平台，推进孟中印缅经济走廊和澜湄合作进程，使之真正成为我国面向南亚东南亚区域各国开展对话交流、经贸合作、信息发布的重要平台。

以中国—南亚博览会为主线，结合区域合作的需要，统筹规划在昆明举办的中国昆明进出口商品交易会、中国国防旅游交易会、中国国际农产品交易会、中国昆明泛亚石博览会、中国昆明国际金融产业博览会等展会，形成相互连贯、紧密衔接的系列会展活动；对达到国际展览联盟认可条件和标准的展会活动，鼓励申报认证，并给予扶持。面向东南亚南亚，精心策划推出"孟中印缅经济合作展会""澜沧江—湄公河合作展会"等具有国际影响力的高规格、高品质国际性展会。

3. 构建物流合作平台

依托对内连接中西部各省（区、市）、长三角地区、珠三角地区，对外连接东南亚南亚，直达印度洋的国际物流通道，加速发展现代物流业。整合已有的物流信息平台以及商务、海关、交通运输等物流信息资源，建设面向东南亚南亚的物流公共信息平台，引进和培育一批物流企业。推动物流业国际合作，积极吸引世界知名物流企业在西南地区设立区域性总部，促进第三方物流发展。

加快推进昆明 14 个泛亚商贸物流中心建设，把昆明建设成为全国性物流节点城市和区域性国际物流中心。以发展跨境物流为重点，支持在沿边州市、重点流通节点城镇和口岸县市建设一批物流节点、配送中心和物流园区，逐步形成辐射周边的区域性物流集散中心。

4. 构建金融合作平台

加快昆明国际金融产业中心园区建设，把昆明建成面向东南亚南亚的区域性金融中心。支持东南亚南亚国家银行等金融机构到云南省设置分支机构。支持富滇银行等符合条件的地方金融机构到东南亚南亚国家设立分支机构。增加云南省跨境贸易人民币结算试点企业数量，扩大结算规模。支持在滇各金融机构与东南亚南亚国家开展双边本币结算合作，为企业双边本币结算提供服务。开展人民币与周边国家币种的直接挂牌兑换试点业务，建立支付清算机制。

5. 建立能源区域性交换枢纽和信息平台

建立能源区域性交换枢纽和信息平台，一是加快与周边国家在能源管道和电力联网上的互联互通合作。依托中缅油气管道，建设石油炼化基地，以从周边国家进口的油气保障西南地区的油气供应。加强与周边国家的电网联网和电力互换，拓展周边国家的电力市场，将云南建成中国面向东南亚南亚的能源区域交换枢纽。二是创建能源信息平台。通过进一步加强网络和媒体的合作，实现能源合作中的优势资源互补，真正达到资源共享。同时对能源合作中可能遇到的或实际存在的问题进行研究和沟通，从而实现互利共赢。

6. 构建人文、科技交流合作平台

文化交流方面。在文学、艺术、影视、民族特色文化等各个领域开展国际巡回展示、交流研讨，积极举办突出走廊各国特色的国际文化周、艺术节、旅游节、图书展、影视展、体育比赛等活动，建立各类文化交流中心，逐步把云南省建设成为向周边各国传播中华文化的基地和沟通中外的国际文化交流中心。

教育合作方面。加强汉语国际推广基地建设，积极争取国家汉办支持，由云南到印缅孟三国开办更多孔子学院（课堂）。与印缅孟三国教育部门、学校和教育机构建立经常性联系和合作机制，依托云南大学、昆明理工大学等高校建立面向印缅孟三国的国际教育基地和人力资源开发中心，加大对印缅孟三国留学生的招录。

同时，还可考虑依托云南大学国际关系研究院，整合省内外、国内外资源，筹建服务于孟中印缅经济走廊和中国面向南亚东南亚辐射中心建设的"南亚学院"，使其成为集人才培养、教育培训、学术研究、公共外交、政策咨询于一体的国家级南亚人才培养和研究基地。

科技交流方面。促进中国与印缅孟三国在应用研究、技术开发、成果转让等方面的合作。建立中国面向西南开放的科技合作研究中心、科技实验区和科技产业园区。深化与印度在农业、生物、IT等领域的合作，以及与缅甸在农业机械、替代种植、地震研究等领域的合作。

生态环保合作方面。建议在昆明建立孟中印缅四国喜马拉雅南部区域跨境生物多样性保护发展合作中心，主要工作是对本区域内不同类型生态系统的时空分布进行宏观研究，探索跨国界的区域性生物多样性保护与管理途径，研究资源合理利用和环境保护的有效途径和方法。在该中心，联合建立国际（孟中印缅）生物多样性信息共享平台，将各国各机构部门的数据进行整合，展现各区域生物多样性的现状，从而提高人们保护生物多样性的意识，促进保护项目的有效开展，提高数据的利用效率。

7. 搭建旅游合作平台

鼓励沿边重点口岸积极创新管理方式，在游客出入境比较集中的口岸实施一站式通关模式，设置团队游客绿色通道。支持瑞丽等重点区域发展跨境旅游合作区，探索建设边境旅游试验区，加快构建孟中印缅经济走廊国际旅游合作圈。

另外，根据经济走廊沿线城市旅游业发展的区位和基础条件，可以将大理、保山等地区的旅游发展与实施国家"一带一路"战略和建设孟中印缅经济走廊结合起来，率先推出并加快建设"孟中印缅经济走廊旅游合作示范区"。充分发挥大理和保山的地理区位、旅游品牌、历史文化、生态资源等优势，带动孟中印缅经济走廊黄金旅游区建设。在条件成熟时，可请国家将"孟中印缅旅游合作示范区"列为中国参与孟中印缅经济走廊规划建设的早期收获项目，与印孟缅等国签订相关旅游合作框架协议。

8. 构建多层次公共外交平台

所谓公共外交，主要指通过善意的行为和话语赢取别国民心的一种外交形式，旨在通过塑造本国良好形象和改变他国政府与人民看法的方式来推动本国外交政策目标的实现。其形式主要包括对外援助、人员互访、信息交流、文化传播和媒体宣传等。[①] 由于经济走廊沿线三国特别是缅甸正在经历国内政治和社会转型，民意渐趋复杂，相继出现一些因公共外交不足引起的困难，因此做好公共外交的重要性和紧迫性逐渐凸显。

在推进孟中印缅经济走廊建设合作的进程中，应积极构

---

① 李少军：《国际政治学概论》，上海人民出版社，2009，第236页。

建政府、企业、民间组织三方协调机制，探索发挥多层次公共外交平台作用。政府应创新对外援助政策，借鉴国外成熟有效的、通过民间组织公益援助等方式，将一定比例的援助资金和项目通过公开透明的方式，交由国内外专业民间组织来承办。政府还应加强政策指导、资源调配、信息沟通等工作，为企业和民间组织在公共外交和项目建设一线做好支持和服务。企业作为公共外交的主要需求方和受益方，要发挥好主体作用，提前制定项目的公共外交规划，并通过资金、资源等杠杆，调动国内和当地民间组织、媒体、智库等利益攸关方的积极性，多层次编制"公共外交网"，切实做好项目的防护工作。国内民间组织要积极走出去，主动争取政策支持，贴近重大项目，寻找自身活动与政府、企业需求的契合点，互利共赢。另外，媒体也要改进对外交往和宣传方式，在对外交流中要强调互惠互利，宣传合作给相关各国、各地区和人民带来的实际利益，加大正面宣传和舆论导向，消除周边国家的疑虑，为区域合作创造一个有利的环境。

9. 建立西南各省区市共同参与孟中印缅经济走廊建设的国内合作机制

过去无论是在孟中印缅经济论坛还是四国之间的区域经济合作中，中国参与方基本由云南省代表，未能充分调动四川、重庆、广西等相关省区市的积极性，这在一定程度上制约了孟中印缅经济合作的可持续发展。只有把孟中印缅区域经济走廊的国内涵盖范围定位在中国的大西南，整合西南各省区市的资源优势、产业优势、市场优势、科教优势，共同开拓国际市场，才能真正体现孟中印缅经济走廊建设的辐射带动作用。

为整合西南各省区市的力量共同参与孟中印缅经济走廊建设，应开展以下几个方面的工作。一是建立由中央政府部门牵头的"西南地区参与孟中印缅经济走廊建设的研究协调委员会"，共商西南地区参与孟中印缅区域合作方面的问题。二是研究在"协调委员会"下设立"大西南联合参与孟中印缅合作论坛"，邀请国内和印度、缅甸、孟加拉国及国际组织的官员、学者、企业家、专家进行交流，建立大西南参与孟中印缅区域合作的支撑平台。三是建立企业联合机制，鼓励西南地区的企业走出国门，开拓印缅孟和其他南亚国家市场。四是通过推行项目融资、BOT融资方式，或者抓住中央有关部门设立的"西部大开发基金"的机遇，争取国家批准，建立大西南参与孟中印缅经济走廊建设基金。

10. 建立孟中印缅经济走廊建设风险评估体系

孟中印缅经济走廊对于中国的周边外交布局有重要意义，但是，中国参与这一区域的合作也面临一系列的政治、经济和安全风险。对此，一是建议由商务部主导建立健全孟中印缅经济走廊投资合作风险评估体系，定期发布风险防范指南，指导企业建立境外安全管理制度和境外安全突发事件应急处理机制。一旦出现突发事件，要立即启动应急管理，采取积极的应对措施，将不良影响和损失降至最低点；二是相关研究机构要加强对孟中印缅经济走廊建设的研判，当前要重点关注缅甸政治经济转型的动态和趋势，为政府和企业提供参考，确保我国参与的孟中印缅经济走廊合作项目实现利益最大化、风险最小化。

五 　孟中印缅经济走廊建设的实施路径与对策措施研究

　　孟中印缅经济走廊属于次区域经济合作的范畴，然而与一般意义上的区域一体化不同的是，经济走廊是在地理上把一个国家或多个国家的一些地区连接起来的经济主轴。从狭义上讲，是连接相关各国的基础设施，包括铁路、公路、航运，航空网、光缆、油气管道等，是经济交往的纽带和动脉。而从广义上讲，则是交通与经济紧密的互动关系，是以交通通道建设为基础，产业、贸易和基础设施为一体的，带动沿线经济发展的轴心，具有全局性、跨国性、互补性、关联性等特点。

　　孟中印缅经济走廊沿线是世界上最不发达的地区之一，属于全球化的边缘地带，相关各国的经济结构、发展水平、政治制度、宗教文化等方面的差异巨大。该区域存在着交通基础设施建设滞后、产业发展辐射带动能力不足、贸易壁垒制约因素较多、各类安全因素干扰突出等现实挑战，所面临的地缘政治和地缘经济环境也十分复杂。因此，孟中印缅经济走廊建设涉及面广，建设周期长，不可能一蹴而就，在具体实施路径的设计上必须从不同的空间层次出发，循序渐进，先易后难，突出重点，从点到线、再到面逐步推进。

（一）　基本路径

新形势下推进孟中印缅经济走廊建设的基本路径，是以"昆明—曼德勒—达卡—加尔各答"国际通道为主轴，以"共商、共建、共享"为原则，以早期收获为抓手，以互联互通和机制平台构建为支撑，以产业合作、人文交流为先导，层次推进、先易后难、突出重点，以点带面、从线到片逐步推进；要集中人力、物力、财力在四国易达成共识的重点领域、重点项目、重点地区率先取得突破，尽快催生经济效益和社会效益，以调动相关各方参与经济走廊建设的积极性；要充分发挥云南省的独特区位优势，积极整合国内四川、广西、重庆等省区市的力量，加强与孟印缅各国的政府沟通、道路联通、贸易畅通、货币流通、民心相通，推进孟中印缅经济走廊建设的可持续发展，并促进孟中印缅经济走廊与"一带一路"战略和中国面向南亚东南亚辐射中心建设战略的有效衔接和积极互动。

（二）　空间结构层次与战略目标

孟中印缅经济走廊涉及四个国家，地域范围极为广大，区域内部的社会、经济、资源和环境等差异极大。从国家整体层面来看，中国与印度、孟加拉国、缅甸四国幅员辽阔、人口众多，总面积达 1340 万平方公里，人口近 28 亿，占世界总人口 40%。无论是中国还是印度，如果是国家整体与缅甸、孟加拉国进行合作，从合作规模到合作条件等差距均太大，整体合作推进难度较大。因此，孟中印缅经济走廊建设可以按核心区、主体区和辐射区等多层次展开。不同的合作区域层次，其战略目标、合作重点和路径的设置等，既要有所区别，也要密切联系，以便分类指导，有序推进。

1. 核心区

按"由近及远，由难到易，由双边到多边"的合作思路，可以将中国云南省、印度东部、孟加拉国和缅甸等毗邻区域，作为核心合作区（表 5 - 1）。该区面积约 164 万平方公里，人

表 5 - 1　《孟中印缅经济走廊战略》合作核心区的人口与面积（2012 年）

单位：10^4 人，$10^4 km^2$

区　域	人　口	面　积
中国云南	4659	39.4
印度东部	22693	41.8
孟加拉国	15049	14.8
缅　甸	6112	67.7
合　计	48513	163.7

口约 4.85 亿，山水相连，历史交往悠久，合作规模适中，合作条件差异也不至于过分悬殊。

核心合作区，也是早期收获的关键区，其共同面临的合作瓶颈是"区域互联互通"。因此，核心区的主要战略目标包括三个方面：一是通过合作建设跨境基础设施，如跨境交通网、电信网和电力网等，实现区域互联互通，为区域经济走廊建设提供基础支撑平台；二是通过区域内优势资源的合作开发与市场开放，逐步实现区域经济一体化，提升经济走廊建设的实力和带动能力；三是通过减贫、生态保护、减灾防灾等公益类项目的广泛合作，促进区域可持续发展。互联互通战略的实施，关键依靠有关各国政府高层的合作，初期主要依靠政府在关键空间、时间节点上的重点投入，自上而下主导和推进区域合作。区域经济一体化发展合作的早期阶段，需要依靠合作国家共同努力建立合作机制、进行分类指导；合作的中后期阶段，则要重点考虑市场因素，使其成为资源与市场优化配置的杠杆。实现合作区域的可持续发展，可以通过成立区域发展基金、支持民间合作予以持久推进。

2. 主体区

核心合作区域的发展空间有限，与毗邻的大湄公河次区域经济合作区相比，二者在合作区面积、人口和经济规模等方面，差距较大。需要将核心合作区拓展到包括中国西南的云南省、四川省、重庆市和广西壮族自治区及印度、孟加拉国、缅甸全境，总面积 500 多万平方公里，约 16.6 亿人（表 5 - 2）。主体合作区的关键战略目标是：充分发挥云南省作为该核心区域合作外联内拓的枢纽作用，推进我国西南与东南亚区域合作（主体是大湄公河次区域经济合作区）、南亚区域合作（主体是孟中印缅核心合作区）的整合，实现我国依托大西南面向太平洋、印度"两洋开放战略"。因此，该主体合作区将与大湄公河次区域经济合作区，共同构成我国"两洋开放战略"的核心区。

表 5 - 2　《孟中印缅经济走廊战略》合作主体区的人口与面积

单位：10^4 人，$10^4 km^2$

国　别	行政区	人　口	面　积
中　国	云　南	4659	39.4
	四　川	8076	48.5
	重　庆	2945	8.2
	广　西	4682	23.7
	四省市区合计	20362	119.8
印　度	全　境*	124149	298
孟加拉国	全　境	15049	14.8
缅　甸	全　境	6112	67.7
主体合作区合计		165672	500.3

* 印度国土面积不包括中印边境印占区和克什米尔印度实际控制区等。

3. 辐射区

从核心合作区到主体合作区，主要是陆上跨境区域合作。

为了更好地参与和支持国家"丝绸之路经济带"和"21世纪海上丝绸之路"战略的整体推进，保障地缘合作的国家利益最大化，在主体合作区形成过程中，还需要与毗邻的多层次经济合作区密切联系，包括我国与西亚的合作（重点在我国与巴基斯坦的中巴经济走廊的合作）以及我国与斯里兰卡等国的海上丝绸之路的合作相衔接，并与我国的"长三角""珠三角"经济圈，我国与中亚、东北亚区域经济合作区等，形成良性互动，共同托举我国推动的"丝绸之路经济带"和"21世纪海上丝绸之路"战略，为实现"中国梦"提供强劲动力和地缘安全保障。

4. 孟中印缅经济走廊的发展目标

针对孟中印缅经济走廊涉及面广、协调难度较大的实际情况，必须立足当前、着眼长远。既要从当前条件出发，突出重点，确立重点合作的阶段性目标，为加快走廊沿线地区发展提供有力支撑，又要着眼长远，以世界眼光、战略思维，确立全局性、战略性的发展目标。

（1）总体目标

以昆明、曼德勒、达卡、加尔各答等沿线中心城市为依托，以铁路、公路为载体和纽带，以人流、物流、信息流、资金流为基础，开展区域内投资贸易以及工业、农业、旅游、交通、服务等产业合作，构建沿线优势产业群、城镇体系、口岸体系以及边境经济合作区，促进各种资源和生产要素的跨区域、跨国流动，以形成优势互补、区域分工、联动开发、共同发展的孟中印缅经济走廊，以促进"一带一路"建设和相关各国命运共同体的形成和发展。

（2）阶段性目标

近期目标——孟中印缅经济走廊建设取得重大进展（2015～2020 年）：以早期收获项目为抓手，有效推进重点领域的合作，提升各方参与孟中印缅经济走廊建设的意愿和信心，多层次合作机制、平台逐步形成；中国经云南出境连通缅、孟、印三国的公路、铁路、航空、水运的综合立体交通网络初步建成；政策沟通、道路联通、贸易畅通、货币流通、民心相通"五通"初见成效；产业合作、贸易和投资便利化、能源、公共社会事业、人文交流、地区安全等方面的合作全面展开，各合作领域取得重要的早期收获；政府主导的区域合作逐渐转变为政府与社会力量共同参与的新模式。

中期目标——孟中印缅经济走廊基本建成（2020～2025 年）：与印缅孟各方的双边、多边合作机制进一步完善，互联互通向纵深发展，各国间贸易投资便利措施深入实施，沿线生产要素国际流动明显加快，贸易结构不断改善，贸易规模显著提升。以点带面，从线到片，经济走廊建设的经济社会效益日益显现，孟中印缅经济走廊成为开放度高、辐射力强、经济繁荣、社会和谐、生态良好的区域经济合作区，成为亚洲经济新的增长极。

远期目标——拓展成为中国连接东南亚南亚的新南方丝绸之路经济带（2025～2030年）：孟中印缅经济走廊的辐射带动效应不断向周边国家延伸，并逐步扩展至昔日南方丝绸之路沿线的更广大区域，综合立体交通网络不断向外拓展，原走廊沿线贸易投资便利措施为更多国家地区所接受，区域双边、多边合作机制覆盖范围进一步扩大，形成产业结构合作、合理、布局科学的区域国际分工协作体系，成为"一带一路"战略的重要组成部分和中国与周边国家命运共同体的示范区。

（三）　以早期收获为抓手率先取得突破

早期收获因为具有投入小、见效快、成果具体等特点，在孟中印缅经济走廊规划和建设的过程中，可以作为促进四国加强经济合作的"突破口"。所谓早期收获，一般是指参与全球或区域经济合作的国家及地区，在具备一定的有利条件与合作基础的情况下，在关税减让、非关税壁垒撤除、贸易便利化、投资与商贸流通、交通互联互通、可持续发展、人文交流以及能源、知识产权和争端解决机制等方面率先取得一致或促成实质性合作。通过取得先期成果，使各参与方早日享受到框架协议带来的好处，并对后续的全面深化合作带来积极影响。

孟中印缅经济走廊建设是一个涉及多领域合作的系统工程，单纯的降低关税税率并不能给地区内各国带来明显的先期成果和建设成效。在 2013 年 12 月召开的孟中印缅经济走廊联合工作组第一次会议上，四国将交通互联互通、投资和商贸流通、可持续发展、人文交流作为优先发展的四个领域。2014年 12 月孟中印缅经济走廊联合工作组第二次会议则深入探讨了在互联互通、能源、投融资、货物与服务贸易及贸易便利化、可持续发展与扶贫及人力资源、人文交流等九个重点领域开展合作的设想和推进机制建设。综合以上各方面合作意向和具体情况看，孟中印缅经济走廊建设的早期收获应围绕交通基础设施建设、贸易与投资合作、能源合作、农业合作、人文合作、旅游合作等领域展开，在具体项目的选择上应把握以下几个基本原则。①

第一，在早期收获计划项目设计上，应充分考虑利益共享，切实照顾相关各方的利益关切，形成共同发展格局。早期收获计划项目要充分考虑我国与周边国家经济社会发展的当前需求和中长期愿景，注重加深与孟印缅三国的全面沟通和相互了解。促使周边国家，尤其是其政治经济精英真正认识到经济

---

① 杨先明：《信任积累、务实合作和孟中印缅经济走廊建设的推进》，《学术探索》2016 年第 2 期。

走廊建设对本国经济社会发展的重大战略价值，进一步凝聚共识，提升合作意愿。

第二，合作中应体现先易后难、逐步推进的原则，找准切入点，从孟中印缅互补性最强、合作愿望最迫切、最容易突破、见效最显著的领域和项目着手，布局一批早期收获项目，发挥重点项目的示范作用和带动作用。如此，才可减少孟中印缅经济走廊建设早期收获的风险和失误，提高项目合作的成功率，形成带动示范效应，促进合作经验不断累积，增强各国参与经济走廊建设的信心，逐步推进孟中印缅经济走廊建设。

第三，吸取地区合作中的经验教训，要把恢复和增强彼此的信任关系作为合作的出发点。项目不仅要更加注重经济社会发展与生态环境可持续相结合，而且合作项目要充分体现参与者的社会责任，最大限度地赢得民众的广泛支持。通过实施一批先导项目和民生项目，改善区域基础设施，促进当地经济社会发展，增进人民福祉，为全面推进孟中印缅经济走廊的建设提供良好的合作氛围和信任关系。

第四，早期收获计划的推进应当以政府主导市场为运作模式。作为区域性的国际合作，早期收获计划必然要发挥政府的主导作用，才能调动孟印缅三国参与经济走廊建设的积极性、主动性和能动性。同时，为了发掘孟中印缅地区合作的潜力，调动各类可用资源，还应适当引入市场化运作机制，引导和吸纳社会闲置资本流向互联互通、能源合作等领域，形成以政府为主导、社会共同投资参与的公私合作模式。

第五，早期收获计划可以由孟中印缅四方共同发起和实行，但在更多时候是根据合作项目的性质，在部分成员国启动和实施，从而保持早期收获项目的灵活性、针对性，减少因多方合作而产生的在政治制度、利益诉求、社会文化等方面的差异带来的博弈困境。而双边成功合作的示范效应，无疑为多边合作，尤其是区域重大项目的推进，产生积极的作用。

早期收获计划的项目选择适当，对实现预期目标十分关键。由于孟中印缅广大农村地区贫困面大，因此扶贫经验、扶贫技术和扶贫资金的国际转移与分享，会产生积极的效果。我国扶贫减贫成绩斐然，完全有条件把分享扶贫作为早期收获的重要方面，以争取获得广大社会阶层对孟中印缅经济走廊建设的支持。

（四） 交通先行加快互联互通建设

互联互通是提升区域经济一体化水平、夯实孟中印缅合作关系、建设经济走廊的基础。鉴于目前孟中印缅经济走廊铁路、公路未能联网，且铁路轨道标准不一，公路网络技术标准低，通行状况不好的情况，因此要将互联互通作为孟中印缅经济走廊建设的优先领域和重点方向加以推进。要综合考虑不同运输方式的分工、配合与互补，结合需要与可能，优先在现有基础上进行联通和改善，扩大路网规模，增强通过能力，加快建成连接周边国家的公路、铁路、机场和水运综合交通运输体系，构建中国通边达海的交通网络。

经济走廊互联互通建设规划的制定要优先考虑与周边国家的规划对接，最大限度地增进合作，避免竞争。一是充分利用已有的《亚洲公路网政府间协定》《泛亚铁路网政府间协定》等国际交通发展规划，以减少外部阻力，加快国际大通道建设，加速区域内公路、铁路网的联网进程。二是加强与印度、缅甸、孟加拉国的沟通和协调，尽快制定孟中印缅互联互通战略规划，明确互联互通的内涵和重点，做好与三国经济发展规划和交通运输规划的衔接。三是优先提升孟中印缅地区现有或备选线路等级，加快缺失路段的建设，不断拓展和加密本地区航空线。四是孟中印缅陆路交通应以连接主要城市或中心城市为选线原则，可优先考虑亚洲公路网和泛亚铁路规划路线。重点把云南公路干线与缅甸公路网连接起来，打通中缅陆水联运通道，推进泛亚铁路建设，开辟区域内新航线，发展航空运输。根据中国云南、印度、缅甸、孟加拉国已有的水陆空交通基础，构建孟中印缅交通走廊。

1. 公路

公路交通走廊可优先考虑连接缺失路段，提升现有公路等级。中线，即亚洲公路网规划路线，"昆明—曼德勒—因帕

尔—达卡—加尔各答"路段，连接孟中印缅四国；2012年和
2013年分别完成1次路考和1次汽车集结赛，两次进入印度，
尚需提升公路等级。南线，即亚洲公路网南向路线，"昆明—
曼德勒—吉大港—达卡—加尔各答"路段，连接沿线各国的
中心城市，需要连接缅孟边界缺失路段。另外，北线也可视印
缅和中缅双方的公路连通情况，开通历史上的史迪威公路。而
缅甸境内需要架桥，部分山地道路需要按照公路等级建设。

（1）中缅边境可重点推进以下跨境公路建设

一是瑞丽—木姐线，现为柏油路，与泛亚14号线（AH14）
重合；二是腾冲猴桥—密支那线，腾密二级公路经猴桥口岸与
缅甸31号公路相连；三是清水河—腊戍线，经孟定清水河口
岸，与缅甸34号、3号公路连接达腊戍、曼德勒，以提升道路
等级为重点；四是景洪—打洛口岸—景栋（缅）线，与泛亚公
路3号线（AH3）重合；五是章凤—缅甸八莫线，以道路等级
提升为重点；六是盈江那邦—La Gyar Yang（缅）线，经盈江口
岸出境，以援建为主；七是孟连—缅甸线，缅甸境内为乡村公
路，远期提升公路等级。

在建设时序上，近期应重点推进腾冲猴桥—密支那、孟定
清水河口岸—腊戍、打洛口岸—景栋跨境高等级公路建设；中
期推进章凤—八莫港公路、思茅—孟连口岸公路技术等级提
升；远期推进贡山—马库—Putao公路。

（2）印缅边境可推进三条跨境公路

一是穆德—莫雷线，经印度边境莫雷进入曼尼普尔邦，此公路与泛亚公路（AH1、AH2）重合，是中印缅国际通道中线；二是密支那—雷多线，是中印缅国际通道北线；三是吉灵庙（缅）—Zokhawthar（印）线，经吉灵庙、Zokhawthar进入印度，此通道为等外公路。

在建设时序上，近期应重点推进建设曼德勒—穆德—莫雷—英帕尔高速公路，远期逐步提升密支那—雷多公路技术等级。

缅孟边界暂无直接相通公路，只能经印度进入孟加拉国吉大港的公路。计划修建曼德勒—马圭—吉大港高速公路铁路，形成中印缅孟通道的南线，与泛亚公路41号线（AH41）连接。

（3）印孟跨境公路可推进以下四条

一是西隆（印）—锡尔赫特市（孟）线，沿印度梅加拉那邦境内泛亚公路2号线（AH2）与孟加拉公路N2连接进入孟加拉锡尔赫特市；二是阿加尔塔拉（印）—马托布迪（孟）线，特里普拉邦阿加尔塔拉经孟加拉公路Z1202与印度44号公路相接进入孟加拉国；三是加尔各答（印）—杰索尔（孟）线，印度西孟加拉邦加尔各答沿35号公路经本冈与孟加拉公路 N706 连接进入孟加拉杰索尔，次跨境公路与泛亚公路 1 号线（AH1）重合；四是西里古里—塔古尔冈（孟）线，从西孟加拉邦西里古里沿泛亚公路 2 号线（AH2）与孟加拉 N5 公路连接孟加拉国塔古尔冈。

在建设时序上，近期应将阿加尔塔拉—马托布迪线作为重点项目，提升印孟两国跨境公路道路技术等级，可以直接缩短孟中印缅经济走廊中线的距离。

2. 铁路

（1）中缅跨境铁路

可考虑重点推进泛亚铁路西线，印缅铁路规划路线走向基本和亚洲公路网（中线）走向一致，中缅铁路规划方向也大致和印缅铁路同向，可以形成对接。

2011 年，中缅曾签署《木姐—皎漂铁路建设项目合作谅解备忘录》及补充协议，规定工程建设须在签署之日起的三年内启动。工程原计划投资 200 亿美元，2015 年前建成，中方负责筹措大部分资金，相应拥有 50 年运营权，计划中的该铁路走向基本与中缅油气管道平行。但是，由于缅甸国内对该项目有较多的反对意见，2014 年谅解备忘录到期后，中缅双方表示将暂缓推动该项目。

尽管木姐—皎漂铁路未能如期推进，但是在我国国内，昆明—大理段已通车，大理—瑞丽段在建，该项铁路建设仍在稳步推进。从长远来看，瑞丽接木姐经曼德勒至皎漂港单线内燃准轨铁路，将会是孟中印缅经济走廊发展的重要通道和支撑性基础设施。中方应与缅甸保持协商，择机推进中缅国际铁路。此外，中缅跨境铁路还可重点建设景洪—勐海—打洛—景栋—南桑跨境铁路和保山—猴桥—密支那跨境铁路，作为中印铁路的先期建设项目。推动自腾冲猴桥边境经缅甸密支那至印度边境班哨口岸铁路前期研究工作。

（2）印缅跨境铁路

印缅跨境铁路仍在酝酿协调中。当前可重点推进缅甸建设与印度联通的跨境铁路建设。近期推进密支那—雷多跨境铁路建设，远期可推进缅甸吉灵庙—印度 Jirbam 跨境铁路建设。

（3）印孟跨境铁路

印度与孟加拉国有跨境铁路相连，加尔各答至达卡铁路客运服务始于英国殖民统治时期。1965 年，印度和巴基斯坦因克什米尔问题爆发第二次战争，印巴之间的铁路交通因此中断，当时孟加拉国为巴基斯坦的一部分。1972 年 1 月，孟加拉国正式成立，但印度和孟加拉国的铁路客运服务一直没有恢复。直到 2008 年，印孟两国才恢复铁路客运。"印孟友谊列车"每周两趟，铁路全长 538 公里，全程需要 13 至 14 小时。

另外，印度东北部阿萨姆邦有两条铁路与孟加拉国吉大港、达卡相连。

此外，孟加拉国和缅甸交界地带处于孟加拉湾边，尚无跨境铁路相连，远期可推进缅甸马圭—孟加拉国吉大港跨境铁路建设。

（4）相关各国可重点推进以下五条铁路建设实现互联互通

1）昆明—瑞丽或腾冲—密支那—加尔各答铁路通道

途经昆明—楚雄—大理—保山—猴桥（腾冲）或姐告（瑞丽）—密支那（缅甸）—雷多（印度）—丁苏吉亚（阿萨姆邦）—锡尔赫特市（孟加拉国）—达卡（孟加拉国）—加尔各答（印度）或经英吉利巴扎尔（西孟加拉邦）到巴特那（比哈尔邦）。

2）昆明—瑞丽—曼德勒—莫雷—达卡—加尔各答国际通道

途经昆明—楚雄—大理—保山—瑞丽—曼德勒—穆德—莫雷—英帕尔—锡尔赫特市—达卡—杰索尔—加尔各答，或者在达卡市北上经拉杰沙希—英吉利巴扎尔—比哈尔邦巴特那。

3）昆明—楚雄—大理—保山—瑞丽—腊戍—曼德勒—皎漂港通道

4）昆明—楚雄—大理—保山—瑞丽—腊戍—曼德勒—仰

光通道

5）昆明—楚雄—祥云—清水河—腊戍—曼德勒通道

3. 航空

云南在国内的民用机场网络布局数、通航机场等级、机场利用率等方面名列前茅，初步完成由航空大省向航空强省的转变。昆明长水国际机场已开通48条国际航线，孟中印缅区域的国际航线有：昆明—仰光、昆明—曼德勒、昆明—内比都，昆明—达卡、昆明—吉大港，昆明—巴特那、昆明—加尔各答。孟加拉国的吉大港、达卡均与仰光、曼德勒、实兑、加尔各答、巴特那有直通航线，还有查尔纳—加尔各答航线；印度加尔各答、巴特那国际机场与孟加拉国、缅甸国际机场均有直通航线。

由于孟中印缅区域交通基础设施落后、建设周期长，因此国际航空合作是加强多边合作、增强商务和文化交流的重点，应尽快形成孟中印缅国际航空网络。尤其要加强昆明长水国际机场的建设，发挥其对东南亚以及南亚地区得天独厚的区位优势，积极争取开放第五航权，推出国际航班国内段中转衔接业务，合理搭配国内国外航线航班时刻，将昆明机场建成中国乃至东北亚地区中转东南亚南亚及中东地区的枢纽。同时，重点将芒市、景洪、思茅机场改造为国际机场。中期陆续推进密支那、八莫、皎漂港建设为服务孟中印缅经济走廊的国际机场，增加孟中印缅四国互通国际航线，进一步完善航空网络。

4. 水运

重点建设中缅陆水联运通道,由中国昆明—瑞丽—缅甸八莫中转港的陆路运输,再经伊洛瓦底江到仰光的水路运输,从仰光港转口到孟加拉国吉大港、印度的加尔各答等,构成中国通过缅甸伊洛瓦底江进入印度洋的国际联合运输系统。

(五) 立足优势互补着力开展产业合作

经济走廊建设的实质是依托国际通道对沿线地区进行结构调整、产业培育、资源开发和生产力布局的跨国经济合作,产业合作不仅是经济走廊建设的主要内容,同时也是经济走廊建设的重要支撑。要以贸易自由化、便利化为前提,市场导向为动力,依托基础设施、骨干交通网络、节点城市,根据不同国家产业的梯度以及原有园区的聚集、基础设施的互联互通及产业垂直水平分工,确定主导产业,以共建具有产业梯度的园区、产业基地为载体,打造孟中印缅经济走廊产业带,加大四国之间的产业合作与投资、贸易往来,促进经济一体化进程。

孟中印缅经济走廊建设应立足于本地区产业优势的互补与发挥,以能源、农业、旅游、国际产能和装备制造等优势产业合作为重点,以项目合作为平台,借助亚洲基础设施投资银行、金砖国家新开发银行、"丝路基金"等融资支持,不断夯实经济走廊建设的产业支撑。

1. 能源合作

孟中印缅四国能源合作优势互补明显。孟缅天然气资源、中缅水能资源、中印煤炭资源等储量丰富。在能源资源勘探开采、新能源开发利用方面，中印两国都具有比较优势。在电力能源方面，印度、缅甸和孟加拉国都是电力极度缺乏的国家，中国在电力开发技术方面占有绝对优势。近年来，为缓解常规能源短缺并减轻环保压力，孟中印缅都采取了多项措施开发利用新能源，促进能源的多样性和清洁化。孟加拉国和缅甸有发展新能源的需求，但缺乏开发新能源所需要的资金和技术；中国和印度作为能源大国，新能源是能源消费的重要组成部分，新能源技术也比较成熟。孟中印缅四国应充分发挥区域能源互补优势，以现有能源合作为依托，以电力和油气合作为主线，以新能源合作为动力，以能源建设、服务贸易、装备出口贸易为支撑，着力建设孟中印缅油气走廊、电力走廊和民生用能合作示范区，促进和提高区域能源开发与利用水平，使能源合作成为经济走廊建设的先行先试领域和重要驱动力。今后 5～10 年内，中国可考虑重点参与推进以下合作项目。

（1）中缅油气管道在缅甸境内的分输工程

中缅油气管道运营后，缅甸每年可从分输口下载不超过

200万吨的原油和总输量20%的天然气。该管道在缅甸境内途经若开邦、马圭省、曼德勒省和掸邦，在皎漂、仁安羌、当达和曼德勒设有油气分输口。近期，云南可积极推动中缅油气管道在缅甸境内的分输工程建设，为缅方的工程建设提供一定的资金和技术援助。另外，为了使缅甸充分利用从中缅油气管道分输口下载的油气，云南可以根据缅甸对油气的既定用途设计，帮助缅甸建设油气发电厂、改造和新建区域油气分输管网。通过帮助缅甸充分利用从中缅油气管道下载的油气，使缅甸普通百姓从中缅能源合作项目中直接受益。同时建议由云南省发改委、能源局和中国石油天然气集团公司管道分公司等相关部门沟通协调，加快推进中缅油气管道复线的研究论证工作，争取尽快启动建设。

较远期可考虑积极推进孟印两国参与缅甸国内油气管道改扩建，努力促成孟印跨境石油管道建设，探索建设从印度西里古里到孟加拉国帕巴蒂布尔石油管道的可能性。

（2）建设小其培电站民生用电示范区

小其培电站位于伊洛瓦底江上游干流恩梅开江与一级支流其培河交汇区，由中国电力投资集团公司云南国际电力投资有限公司开发建设，装机量为99兆瓦，年发电量为5.99亿千瓦时。在2012年缅甸政府军和克钦独立军的冲突中，小其培电站曾遭到破坏。2013年9月，小其培电站恢复发电，并相继向其培市和密支那地区供电。考虑到小其培电站所在地以及周边城市严重缺电，中方可以协助缅甸扩大其周边地区的电网建设，进一步扩大小其培电站向缅甸城乡的供电范围。通过建设小其培电站民生用电示范区，使更多的缅甸百姓获得切实的电力保障，提高缅甸民众对中国能源企业和中国投资的认可度和支持度。

（3）参与缅甸的电网改造与建设

缅甸电网改扩建工程非常浩大，涉及输电、配电、变电建设等各个环节，对设备、技术、管理等各方面要求都较高。云南在国际输变电工程承包方面已经具有不少的经验优势。近期，可根据缅甸电力发展的需求，争取与缅甸合作开展仰光和曼德勒的电网改造项目。建议由云南电网公司、云南省能源局等有关单位协调，积极向国家商务部援外司申请专项援助资金，帮助缅甸在这两个城市实施电网入户改造工程，以此提高电力输送能力，降低电力传输损耗率，使更多民众感受到中缅能源合作项目带来的实惠，促使缅甸对华民意能在较短时间内发生较为明显的转变。

（4）援助孟加拉国和缅甸开展能源发展规划研究项目

能源发展规划是国家能源工业的发展蓝图，对国家能源产业乃至整个国民经济的发展至关重要。目前，孟加拉国和缅甸未能完全掌握本国的能源现状，对未来的能源发展也缺乏整体的、长期的规划。云南有良好的资金和能源技术优势，具备丰富的能源项目规划咨询经验，云南省商务厅等部门可以组织相关机构与企业，向孟加拉国和缅甸提供资金、咨询服务和技术援助。帮助孟缅开展能源发展规划研究项目，不仅有利于孟缅国内能源工业有序发展，同时也有利于孟中印缅经济走廊更好地开展能源合作。

（5）开展新能源科技培训项目

云南在新能源技术与应用上较孟加拉国、印度和缅甸有相对优势，可加强与三国在新能源技术上的交流与合作，为孟印缅提供更多的新能源技术人才培训。一方面，可充分利用"中国—东盟"教育培训中心新能源与可再生能源科技培训中心、云南省沼气工程技术研究中心等现有的培训机构，为孟印缅三国的技术人员提供培训。另一方面，可利用云南和孟印缅高校的合作以及政府奖学金，吸引更多的留学生到具备专业优势的云南高校就读相关专业，通过系统的学习，扎实掌握新能源利用技术。同时鼓励云南的新能源技术人员和研究机构走出国门，积极参与到孟加拉国、印度和缅甸的新能源技术开发和新能源利用项目中来。

（6）实施能源设备出口项目

目前我国能源设备已经在孟印缅三国占据了一定的市场，

并取得了较好的口碑。孟印缅能源工业巨大的发展空间也为云南扩大能源设备出口提供了契机。云南可以通过与孟印缅签订相关协议，就能源设备供销优惠条款达成一致，以能源换设备、免息分期付款等方式，向孟印缅提供性价比更高、更具竞争力的能源设备。云南省商务厅及地方州市可组织能源设备进出口企业，积极开拓并占领周边市场。企业也要加大与相关科研机构的合作，加快研发适用于孟印缅地区的能源设备，尽快形成云南的技术与生产优势。通过扩大对缅甸及孟加拉国、印度能源设备输出的品种和数量，进一步带动云南其他工业品的出口。

(7) 参与印度农村微电网建设

印度的很多乡村地区至今仍无法获得正常的电力供应，印度主要通过发展小型微电网改善乡村供电。云南省可组织云南电网公司等相关企业、部门积极参与印度的微电网建设，以小促大，为双方进一步开展能源合作奠定基础。具体可以通过以下三种方式进行参与：一是对印度需要发展微电网但缺乏资金的乡村进行投资；二是有技术优势的企业可以凭借太阳能光伏利用上的优势，以技术入股，与印度本土企业合作；三是对印度微电网对外招标项目积极投标，参与承建印度农村的微电网。

2. 农业合作

孟中印缅四国都是农业大国，但农业的发展水平处在不同阶段。总体来看，孟中印缅四国中，中国用较少的耕地资源、较低比例的农业人口实现了较高的农业产出，说明中国的农业生产率较高，在农业生产技术、优良品种繁育和农业产业化等方面较孟印缅三国具有明显优势，中国的物种资源也较孟印缅三国丰富。同时，缅甸的土地资源较为丰富、孟加拉国和印度在茶产业、渔业等方面具有独特性。可见，中国与孟印缅三国在农业发展方面具有较强的互补性，孟中印缅四国在农业生产技术、农业科研、农业职业技术教育、动物疫病防控、农业产业化、农产品贸易和投资等方面具有巨大的合作潜力，应进一步加强农业生产技术合作，在经济走廊沿线建设一批具有引领作用的农业示范区、畜牧业跨境合作区和农产品加工基地。

鉴于目前的合作条件，中国可充分发挥农业互补优势，加强技术交流与合作，支持和鼓励农业企业、行业组织到孟印缅进行投资和生产经营，建设农业跨国产业链、产业带。提高区域农业发展水平，改善贫困地区的落后面貌，为推进孟中印缅经济走廊建设打好经济和民意基础，使农业合作成为孟中印缅经济走廊区域合作的品牌。近五年内，可重点推进以下项目。

（1）与缅甸合作新建现代农业示范园

用足用好现有政策，在继续支持缅北替代农业的有序发展的同时，抓紧落实《缅甸联邦共和国掸邦政府与中国云南省临沧市人民政府关于农业合作备忘录》和《缅北农业开发合作区建设规划》，充分利用现有政策和资金支持临沧市、德宏傣族景颇族自治州以及保山市推进与接壤的缅北地区建设农业开发合作区、农业示范区，让边境州市先行先试，发挥示范和带动作用。缅甸政府高层对于把克钦邦密支那以北至德乃地区合作开辟为甘蔗种植园区并进行深加工的建议非常感兴趣，建议省商务厅和保山市组织有关部门和企业跟进这一项目。

（2）在中缅边境建设畜牧业跨境合作区

为加强边境重大动物疫病监测预警，有效维护边境畜产品安全，促进农产品贸易发展，云南省农业厅、地方州市应与缅方加强沟通交流，选择适宜地区，积极推动在中缅边境地区建设畜牧业跨境合作区。合作区可包括种草养畜示范区、屠宰加工区、生产科技引领示范区等功能区。通过开展畜牧生产科技示范、促进动植物疫情信息交流，加强防控药物研发合作，建立起中缅边境动物疫病联防联控工作机制，确保中缅两国的畜牧业生产安全和人民生命安全，并进一步深化畜牧兽医部门间的对口合作，开展畜牧兽医科技人员培训，实现畜牧生产技术信息共享。

（3）与缅甸合作开发替代种植和粮食种植项目

为满足我国将来粮食进口和农业产业结构调整需要，云南省应重视同缅甸等周边国家的粮食种植与加工合作。缅甸农业发展潜力很大，但无论是在缅甸北部干旱地区建设高产稳产农田，还是在缅甸南部种植双季作物地区，都需要挖管井和扩大现有的灌溉设施。云南省可利用打井蓄水进行节水灌溉的技术经验，以政府援助的形式作为双方合作的切入点。云南省农业厅、商务厅等部门可以组织云南省粮食种植与加工企业，积极参与缅甸土地开发招商，向缅甸承包或租购土地，获取土地经营权；通过在缅甸创办粮食种植农场和园区，采用"公司＋基地＋农产"的经营方式，带动当地农民增收致富，培养当地民众对中国的亲和力，为大面积承包、租购良田开展粮食种植并进口回云南加工打下基础。集中财力、物力建设粮仓，争取到 2020 年，使缅甸成为云南乃至我国主要的粮食进口渠道。

（4）实施农机具制造装配出口项目

孟印缅三国的农业机械化程度还较低，对农机产品的需求量大，加大对孟印缅农机具的出口是云南省的优选项目。云南省商务厅以及各地方州市要抓住机遇，积极引导云南省农业机械进出口企业，组织适合孟印缅国家所需要的农机具货源，开拓并占领市场，保证云南省获得稳定的农机出口渠道。云南省企业也要加强与各级农业科研院所的合作，加大农机新机具研究开发力度，尽快形成云南省农机具的技术与生产优势。争取在昆明建立起农机具制造基地，生产孟印缅所需的各类型收割机、抽水机、喷灌机及其他农机具，扩大对孟印缅农机产品输出的品种和数量，力争使云南省对周边国家农机具的生产加工出口份额逐年增大，并通过农机产品出口，进一步带动云南省其他工业品的出口。

（5）联合建立农业科技研发中心

孟印缅三国对于运用农业科技提升传统农业的需求在日渐增长，云南省与周边国家开展农业科技合作的潜力巨大，通过双边或多边合作，有望实现合作各方互利共赢。针对周边国家面临的农业资源评价，新品种选育、优质高产栽培、植物保护等问题，云南省农业厅、科技厅等部门应组织省内农业科研院校、研究所和相关企事业单位，积极推动在昆明建立孟中印缅农业科技研发中心，与周边国家共同开展新品种选育、有机栽培、特色农业种养技术等研究应用，集成生物、信息等现代新技术改造和提升传统农业，推进其产业化经营，共享最新农业技术成果与经济效益。

（6）开展农业技术培训项目

云南省已经确立了在大湄公河次区域农业科技合作中的主导地位，云南省可进一步发挥优势，为孟印缅三国的农业科技人员提供科技培训服务。一方面，可以依托云南省农业科学院、云南省林业科学院、云南农业大学、西南林业职业技术学院等院校现有的教学设备、师资力量、办学经验及对外合作基础，建设面向缅甸、孟加拉国、印度的农业技术人才培训基地。联合建立农业奖学金，培养资源开发利用、遗传育种、高产栽培和病虫害防治等高素质专门人才。另一方面，要积极组织云南省的农业技术人员和研究机构走出国门，赴孟加拉国、印度和缅甸进行培训和指导，提升当地农业技术水平，以实际行动实践"亲、诚、惠、容"的周边外交新理念。

3. 旅游合作

孟中印缅山水相连、地缘相近，旅游资源有着较强的互补性。四国国情各异、制度不同、宗教信仰有别，各国都拥有独特的地域文化、历史遗产及自然、人文旅游资源，加强旅游合作有着良好基础和广阔前景。四国应组织本国旅游部门及旅游企业，对孟中印缅经济走廊沿线的黄金旅游线路进行联合考察，研究设计突显孟中印缅区域特色的旅游产品和线路，共同开发客源市场、合作宣传促销、组建跨国经营的旅游企业。近期可以重点考虑推进以下项目。

(1) 建立孟中印缅旅游专线

目前孟中印缅经济走廊区域内，跨境旅游精品线路较少，未能彰显特色，因此可组织各国旅游部门及旅游企业，对区域内黄金旅游线路进行考察，共同研究、设计突显各国特色的旅游产品及旅游线路，形成合作开发客源市场、联合宣传促销、共建旅游环线的机制。争取获得世界旅游组织及联合国亚太经济与社会委员会旅游协会的支持和帮助，进一步促进旅游业和旅游设施的发展，以及交流旅游设施更新信息。通过立法的形式出台系列旅游法律法规，为实现双方互免签证区的全面旅游对接、消除对中国与其他三国公民自由出行的限制提供法律制度保障。

(2) 构建中缅国家公园无障碍生态旅游圈

依托我国已建的高黎贡山国家级自然保护区，与缅方合作共建跨越高黎贡山东坡（中方）和西坡（缅方）跨境的生物多样性保护区。通过国际合作，从生态系统完整性和服务功能整体性上有效地保护该区的生物多样性。进一步将两国已接壤的保护区连接起来，在景观资源丰富的区域建立高水平示范性的国家公园。一方面可以为中国及世界各国游客带来新的旅游目的地，另一方面可以减轻缅甸方面自然保护的资金困难。同时，通过生态旅游业的发展，开展保护和发展的示范和试验，并带动整个区域的发展和进步。

（3）开展区域旅游产品的宣传项目

在孟中印缅区域内，积极开展互为目的地的旅游宣传促销活动，以专项旅游和特色旅游为突破口，全面开拓和发展区域内旅游宣传促销合作。在中国举办"印度旅游年""缅甸旅游年"等系列活动，积极支持和参与各方组织的各类旅游节庆、展会及考察活动，并在各类旅游交易和推介会上，主动推介各方的旅游资源和产品。利用好现有的空中航线，加大区域旅游产品、线路的宣传力度，推动四国之间相互进行商贸和旅游发展，并促进第三国旅游者在孟中印缅地区的流动。

4. 国际产能和装备制造合作

孟中印缅四国应立足各自在产能和装备制造方面的优势与需求，在轨道交通、通信设备、纺织工业、工程机械、加工制造、软件设计等领域加强国际产能和装备制造合作。在产业布局上，应沿四国交通干线考虑物流和市场指向的区域范围，根据各国产业集聚程度、资源开发状况、产业布局、产业关联度、产业配套和产业政策导向特点，进行产业合作和园区建设。沿交通主干线依次展开，主要有：昆明、保山、瑞丽；曼德勒、皎漂、密支那；吉大港、达卡；加尔各答、印度东北部，其中应以昆明、曼德勒、密支那、吉大港、达卡、加尔各答为核心区进行布局。

（1）装备制造业

发挥中印两国装备制造业优势，以建设专业园区的形式，促进装备制造业优势互补，提高装备制造业的发展水平，积极向孟加拉国、缅甸输出装备制造技术、产品，不断提高装备利用率。重点领域包括电力装备、机床、工程机械、农业机械、食品加工机械等。孟中印缅经济走廊装备制造业合作先期可充分发挥云南的地缘优势及产业优势，以贸易为先导，通过贸易的合作，加大"走出去"战略；以云南省为基地，大力发展电力装备制造业，将云南省打造成为孟中印缅能源合作的电力装备基地及电力技术培训合作中心。

印度对中国机电产品的进口依赖程度较高，近期可考虑以中印机电产业的合作为切入点，建设印度—中国加尔各答机电商贸产业园，实现优势互补、互利共赢。由于云南电动自行车技术成熟、市场广阔，在该领域已有投资相邻国家的经验，可以电动车作为先期园区建设的启动项目。充分发挥加尔各答资源优势和产品优势，打造重要的商贸平台和货物集散地，增强该地区进出口商品贸易的竞争力，建设加尔各答机电商贸产业园。

另外，还可考虑建设孟加拉吉大港（中国）装备制造工业园区。园区定位是以装备制造工业为主体提升孟加拉国的工业化水平，满足日益提升的国民生活水平的消费需求和工业化水平提高的需求，强化孟加拉国替代进口能力，并通过扩大出口获得稀缺资源。园区以电子硬件、电器（包括各类家电器生产制造）、机床、工程机械、新能源、机电生产装配组装等装备制造为重点。

（2）轻纺工业

以中国轻纺工业"走出去"为主，以合作建立产业园区促进产业集群的形成和产业链的转移，提高产业竞争力和当地就业水平。云南省近年来承接东部纺织服装等劳动密集型产业已取得一定成效，食品、医药成为近年来快速增长的行业，临沧市和德宏傣族景颇族自治州等地企业与缅甸当地政府和民间形成了良好的合作基础。孟中印缅经济走廊轻纺产业的合作应充分发挥云南省产业优势和已经奠定的合作基础。近期可考虑由中国企业牵头，利用先进的生产技术及资本优势到缅甸的曼德勒和孟加拉国的达卡兴办新兴产业及纺织技术产业园区，园区定位是示范和推动原有产业的升级，使产业链和相关产业得到扩展。尤其是对其纺织行业进行技术改造，提升竞争力，提高经济效益。

（3）化工产业

云南省已有多家的化工企业实现了"走出去"，磷复肥等化工产品出口到缅甸等国家。孟中印缅经济走廊化工产业应充分发挥云南化工产业优势与已经奠定的合作基础。充分发挥中印两国化工工业优势，以建设化工产业园区为重要的合作方式，以化肥和磷化工为重点，提高孟中印缅经济走廊化工产品的开发和合作。重点领域包括化肥、塑料、精细化工、日化产品等。

（4）加工制造业

发展加工制造业，要支持在沿线、沿边主要城市、重点口岸、经济合作区及境外合作区优先布局进口能源资源加工转化利用和进口资源落地加工项目，发展清洁载能产业。面向周边市场，重点发展农产品深加工、汽车摩托车组装、五金家电、电子信息、轻纺服装、生物制药等出口加工产业。大力发展资源在外、市场在内的珠宝玉石、木材、农产品、橡胶等特色资源深加工产业。充分发挥沿边比较优势，积极承接国际国内加工贸易订单和加工贸易企业转移，着力打造进出口商品生产加工基地。

（5）信息产业

以中印合作为主，发挥各自优势，推进印度承接中国的软件服务外包等业务和中国承接印度的计算机硬件制造等业务，带动缅甸和孟加拉国的信息产业发展。

昆明是国内软件产业发展速度最快的城市之一，在此基础上要加快建设面向东南亚南亚的软件园区：以昆明空港经济区、高新区、经开区为龙头，以产业基地和产业园区为载体，加快实施一批信息产业化项目，建设昆明国家级光电子产业基地、昆明国家级动漫产业基地、云南省中印软件园、云南省医疗电子产业园、云南软件产业园，形成特色鲜明的光电子（包括医疗电子、机床电子、金融电子）、软件（包括信息服务）和动漫（文化创意）三大产业集群，促进电子信息产业的集群式发展。以点带面，示范带动云南省，乃至东南亚南亚的电子信息产业的发展。

5. 矿产和原材料

孟中印缅经济走廊矿业的合作要充分发挥云南的地缘优势以及在有色、黑色、建材等原材料的工业优势，推进其与缅甸、孟加拉国、印度在电解铝、铅、锌、锡、铜、水泥、建筑陶瓷等领域开展合作。发挥中印两国在矿产资源勘探、开发利用等方面的技术、人才优势，结合市场需求，选择印缅孟矿产资源较为丰富的铁、铜、铅、锌、玉石等矿种开展合作，以推进矿产资源开发重大项目为合作方式，尽量实现资源的就地升值，提高资源综合利用水平。加强矿产资源勘探、开发、加工等领域的合作，强化贸易往来，推动骨干企业走出去，加快矿产资源勘探、开发、加工等方面的合作。

（六）以人文交流促进民心相通

"国之交在于民相亲，民之亲在于心相通。"加强孟中印缅人文领域的交流与合作，对于增进相互了解和友好感情具有重要意义。要立足于扩大往来、深化了解、增进友谊、促进发展，以教育、卫生、科技、文化、人力资源开发等领域为重点，广泛调动地方政府、高等院校、研究机构、新闻媒体、民间组织等力量，从机制建立、平台建设、项目推进等层面，开展多种形式的人文交流与合作，扩大民间往来，增进四国人民的相互了解和友谊，丰富孟中印缅经济走廊内涵，为孟中印缅经济走廊建设夯实民意基础、拓展发展空间。

1. 实施留学和推广汉语项目

实施此项目，主要从以下几个方面进行。一是搭建政府高层教育交流磋商机制，开展教育高层对话，争取举办"孟中印缅教育合作论坛"，促进教育交流合作，以此推动云南省成为面向南亚东南亚的教育合作与交流的重要基地。二是以政府资助、市场运作和委托招生等多种方式，在缅甸的仰光、曼德勒，孟加拉国的达卡，印度的新德里、孟买、加尔各答等地设立教育工作处，扩大招生和宣传。以奖学金为导向，招收孟印缅来滇留学生，开展实施留学云南计划。三是对已合作建成的孟加拉国达卡大学孔子学院、缅甸曼德勒孔子学院、仰光孔子课堂和缅甸的汉语培训中心进行精品建设，提升教学质量、推广教学经验。争取与孟印缅三国进行合作，举办多所孔子学院、孔子课堂。四是结合云南文化特色，依托云南各级院校现有资源，每年定期组织举办孟中印缅大中小学生的"汉语桥"夏令营，开展学习汉语和中国文化活动。

2. 实施医疗合作项目

实施医疗合作项目，一是发挥云南的医疗资源优势，向缅甸、孟加拉国、印度提供更多免费医疗援助服务。如可以组织对白内障和疟疾等一些常见病的防疫治疗，开展医疗合作，共同开展为白内障患者提供复明手术的"光明行"活动、为唇腭裂患者提供矫治手术的"微笑行动"活动等。当前要重点扩大医疗合作在缅甸的影响力，除了在缅甸重要城市仰光和曼德勒以外，也要到一些边境地区开展相应合作，加快完善中缅边境卫生合作机制。二是与孟印缅当地政府共建医疗中心，援助设备耗材，并由云南省相关医疗机构定期派出专家赴当地开展诊治活动。三是提供孟印缅医护人员入滇培训的机会，以"授人以渔"。此类培训主要以授课、带教的形式，让外方医护人员将"技术带回家"。通过在常见病方面与孟印缅三方开展合作，不但能够增进友谊，同时对日后促成药物、医疗器械的出口以及其他领域合作也有诸多益处。四是与孟印缅在提升社会对艾滋病危害的认知度、疫苗接种等方面共同开展培训和学习项目。

3. 加强文艺交流活动

加强文艺交流活动，一是开展"中国优秀影视作品展"。发挥中国在影视、现代传媒等方面优势，由中方向孟印缅提供电视专题片和纪录片，与三方在电影、广播和电视领域加强交流合作。进一步完善广播影视业产品、服务对外输出与供给体系，增进周边国家普通民众对中国的了解和认识。二是组织"孟中印缅文艺巡演"。通过展示孟中印缅各国的优秀文化和艺术，增进地区间的人文交流，扩大合作的民意基础。三是开展孟中印缅经典及当代作品互译工程。加强文化部门的沟通，组织相关学者、翻译机构共同合作，推广孟中印缅地区经典作品；探索构建地区间博物馆和其他文化机构交流平台。孟中印缅四国文化部门应建立定期交流机制，促进文化合作。四是互相协助、定期举办国家主题周，举办展览和文化展演，展示与宣传四国在文学、影视、表演艺术等领域的重要成果。促进更多的民间文化机构加入到孟中印缅经济走廊建设中来。

4. 重视并加强孟中印缅经济走廊建设的宣传推介工作

推进孟中印缅经济走廊建设需要处理很多方面的问题，

要广泛争取相关各方的理解、信任和支持。因此需要着力加大宣传工作力度，全方位、多渠道向孟印缅等国推介和展示走廊建设的意义和作用，以消除疑虑，增强互信，并吸引更多外部资源参与走廊建设。一是要通过中国—南亚博览会、孟中印缅地区经济合作论坛等平台进行宣传，要"走出去"进行沟通和宣传，以提升孟中印缅经济走廊的国际影响力。二是改进宣传方式。在对外宣传中要强调互利以及给沿线地区和人民带来实际的利益，消除周边国家的疑虑。三是建立有效的、双向的信息传播机制。加大中国媒体与印缅孟官方媒体的合作，促进中国媒体与孟印缅民间媒体的合作，加大对网络信息平台建设的支持。鼓励和引导国内与相关非政府组织创建网络平台，促进双方的交流与合作。四是发挥公共外交的作用，争取各国民间和舆论的支持。政府官员和学者要加强交流，及时有效地将中国发展理念传播到孟印缅等国家。华人华侨、民间组织等也要通过多种方式到孟印缅国内开展公共外交活动，积极与孟印缅三国各层面进行沟通、协商，争取各方对建设孟中印缅经济走廊的理解与支持。

5. 在减贫和农村发展领域开展示范项目

在本领域开展的示范项目，有以下几个方面，一是举办"孟中印缅区域减贫论坛"。"孟中印缅区域减贫论坛"每两年举行一次，每次确定一个主题，由各国轮流主持。参与人员除成员国代表外，还可邀请有关国际组织、企业界和非政府组织代表。二是四方合作开展以农村社区为基础的综合性发展项目。选择在缅甸和孟加拉国开展合作项目，通过改善农村社区的生产生活条件，提升社区农业人口的生产效率和劳动技能，为社区居民的生产经营活动提供小型金融支持，增强社区居民自我积累、自我发展的能力，帮助社区居民实现增产增收。三是开展减贫和社会发展领域的培训和政策咨询合作项目。加强本区域内各国减贫领域的比较研究，进一步总结、提炼和分享各国成功的经验及模式，支持减贫专家为各方提供政策咨询和减贫技术援助。

6. 开展跨境流域生态保护合作项目

开展跨境流域生态保护合作项目，主要包括以下几个方面，一是建立雅鲁藏布江—恒河—萨尔温江跨境流域生态保护。目前，中印缅三国政府和国际山地综合发展中心已合作开展了雅鲁藏布江—萨尔温江景观保护项目，其目的是维持和改善该区域的生物多样性景观。在此基础上，针对中国和孟加拉国生态区跨境保护的合作方式，积极推进乞拉朋齐—吉大港山区景观保护项目；同时，开展独龙江—大盈江—伊洛瓦底江跨境生态保护与合理利用国际合作。二是在昆明联合建立区域生物多样性研究和发展合作中心。依托该中心，将我国成功的生态保护管理机制，如保护区社区参与式模式、森林经济模式等，在孟中印缅经济走廊合作建设中推广应用，以实现生态保护与经济发展的双赢。

（七） 相关政策措施

孟中印缅经济走廊建设是一项长期、复杂的系统工程，涵盖众多领域，涉及国内国外。既需要国家层面切实加大支持力度，加强顶层设计和高位推动，也需要国内相关省区特别是云南省积极发挥前沿和主体的作用，立足当前，着眼长远，内外联动，积极构建不同层次、领域的合作机制平台；以早期收获、重点项目为抓手，探索推进经济走廊建设的路径与措施，循序渐进，先易后难，推动孟中印缅经济走廊建设取得重大进展。

1. 国家层面

（1）加强孟中印缅经济走廊建设的顶层设计和高位推动

要把孟中印缅经济走廊建设列为国家"丝绸之路经济带"和"21世纪海上丝绸之路"建设的重要内容加以规划、实施。建议由国家发展改革委员会牵头，联系协调相关部委及云南省有关方面，尽快研究制定经济走廊建设国内段的总体规划和相关实施方案。国际段的规划方案必须以相互尊重、互利共赢为出发点，在全面系统调研、综合考虑各方利益和各种复杂因素的基础上，制定出一个能为相关国家所接受的国际合作战略方案。

在制定经济走廊建设规划时，一是要注重与相关国家的发展战略实现对接，包括基础设施建设规划对接、互联互通制度对接、产业发展规划对接以及各方已有的双多边合作机制和平台对接。二是要注重发挥中印两国的主导作用，尽快联合缅甸、孟加拉国政府，开展已达成共识的项目可行性研究，更多地介入基础设施建设及贸易、物流、人员流动便利化政策措施的制定。

（2）推动形成"一轨"主导下的"多轨"合作机制

孟中印缅经济走廊建设需要多方协调合作，才能取得更多实质性的进展。为此，需要建立不同层次的合作机制，以有效推进孟中印缅经济走廊建设。一是建议参照"澜沧江—湄公河"合作机制的模式，尽快建立四国合作的首脑协调（峰会）机制和部长级协调机制（部长级会议），在昆明设立联合办公机构。争取将峰会作为经济走廊建设的最高决策机构，每两年召开一次，各成员国按照国名字母顺序轮流主办；部长级会议每年举行一次，下设专题论坛和工作组。二是建立走廊沿线地方政府部门间的协调机制，实现双边或多边及各领域的合作与互动。三是建立产业合作机制，加快具体重大项目落实，以产业合作项目促进经济走廊的建设。四是建设和完善商会和企业的交流合作机制，推进孟中印缅企业间合作。五是建立民间交流合作机制，密切双方人员往来，增进相互了解，深化地区合作。

（3）推动四国签订"孟中印缅经济走廊政府间合作协议"

中国作为该地区最大的经济体，应发挥建设性、主导性作用，加快孟中印缅经济走廊建设合作机制的制度化建设，不断完善四国合作的内容和方式，共同制定时间表、路线图，推动孟中印缅四国签订"孟中印缅经济走廊政府间合作协议"，秉承共商、共建、共享精神，在政府层面明确提出经济走廊建设的目标、原则、优先合作领域、早期收获和重大项目等，加强顶层设计、实现高位推动，积极对接缅印孟三国的国家发展和区域合作规划，加速四国的经济合作与整合。

（4）整合和拓宽孟中印缅经济走廊建设资金来源

孟中印缅次区域经济发展水平相对滞后，开发合作启动的关键因素在于资金。四国要携起手来，共同创造更好的软硬投资环境，增强对国际投资的吸引力。一是四方需要联合争取国际组织和其他方面对孟中印缅地区经济合作给予的资金、技术和智力支持。积极争取联合国开发机构、世界银行、国际各种基金组织、发达国家政府和民间机构、跨国公司、私人投资者来经济走廊沿线地区投资开发。为有效吸引外来资金，就需要建立有进有出的投资融资机制。二是充分利用亚洲基础设施投资银行、丝路基金等平台和资源，为孟中印缅四国在能源、基础设施等领域的合作提供资助。三是我国作为该地区最大的经济体，可以积极通过贴息贷款等措施，鼓励我国企业出境投资办厂，鼓励金融组织出境开设机构，加大投入力度，调动各方力量为经济走廊建设服务。

（5）借鉴东盟模式率先启动"4－X"的合作机制

如前所述，基于目前全面推进孟中印缅经济走廊建设的条件尚不成熟的实际情况，我国可在孟中印缅经济走廊建设中借鉴东盟合作的"10－X"机制，即在共商、共建、共享的原则下，只要有两个或三个成员国同意，而另外的成员国不持反对意见，就可以率先开展双边（4－2）或三边合作（4－1）。同时"4－X"机制是开放性的，即便是双边或三边合作项目，也可以吸纳其他成员国甚至域外国家企业的参与，以求在容易取得共识的范围内以灵活的方式开展合作，尽快取得实质性合作成果，形成示范带动作用。为充分发挥云南作为中国"面向南亚东南亚辐射中心"区域引领作用，国家应支持以云南省为先导，在"4－X"机制下的项目选择中发挥引领作用。

在具体实施路径上，一是以交通基础设施互联互通为抓手，带动其他领域的合作。二是根据孟印缅三国对参与经济走廊建设的不同态度，优先推进中缅、中孟"4-2"合作项目。三是在交通、能源等重点合作领域选择优先合作项目，将其打造成孟中印缅经济走廊框架下的旗舰项目。四是在基础设施、能源、农业、制造业等重要领域成立专门的合作小组，形成广泛而多层次的沟通渠道与协调网络。五是适时引入亚洲开发银行、世界银行等国际机构，争取得到更多的资金和技术支持。

（6）推进建立区域安全合作机制

鉴于当前孟中印缅经济走廊沿线地区安全问题十分突出，并直接影响到经济走廊建设的现实，要将区域安全合作列为孟中印缅经济走廊建设重要的合作领域，设立专门性论坛和工作组商讨推进这方面的合作，适时建立安全合作机制。要以新的安全观推动四国地区合作，对恐怖主义、分裂主义、极端主义采取零容忍态度，坚决打击，为各国开展合作创造有利条件。进一步加强边境治安整治，加大对贩枪贩毒、非法入境等突出问题的查处力度，强化边境维稳情报信息收集研判，建立健全与周边地区的警务合作、协调联络以及反恐合作等机制。

（7）建立孟中印缅经济走廊建设风险评估体系

孟中印缅经济走廊对于中国的周边外交布局有重要意义，但是，中国参与这一区域的合作也面临一系列的政治、经济和安全风险。一是建议由商务部主导建立健全经济走廊能源合作风险评估体系，定期发布风险防范指南，指导企业建立境外安全管理制度和境外安全突发事件应急处理机制。一旦出现突发事件，要立即启动应急管理，采取积极的应对措施，将不良影响和损失降至最低点。二是相关研究机构要加强对孟中印缅经济走廊建设的研判，当前要重点关注缅甸政治经济转型的动态和趋势，为政府和企业提供参考。确保我国参与的孟中印缅经济走廊合作项目实现利益最大化、风险最小化。

2. 云南省层面

由于云南面省向南亚东南亚开放地缘、人文优势的不可替代性和长期以来积累的良好合作基础，云南省是中国参与孟中印缅经济走廊建设的主体和前沿。推进孟中印缅经济走廊建设既是云南主动服务、融入"一带一路"建设的重要任务，也是把云南省建成中国面向南亚东南亚辐射中心的战略突破口和重要路径，对于构建我国向西开放战略新平台，促进云南省对外开放与经济社会跨越式发展具有重大而深远的战略意义。

云南省参与孟中印缅经济走廊建设必须将国家利益、相关各方的利益与本省利益、战略目标紧密地结合起来。根据当前国际国内形势发展要求和自身特色与比较优势，云南省可在国内外区域合作发展格局的大框架下，以"服务国家、服务周边、互利共赢"的理念和思路，以国际视野进行长远谋划，才能得到中央和周边国家的认可、重视和支持，才能在经济全球化、区域化进程中获得主动，赢得发展。

（1）加强组织领导

经济走廊建设是一项长期性的艰巨工作，需要强有力的组织领导和协调才能有序推进。一是国家可将云南省作为我国参与孟中印缅经济走廊建设的主体省份，赋予参与区域合作的相应权限，促进云南省同周边国家政府与地方部门的沟通与协调，并在方案中予以倾斜考虑和重点支持。在昆明设立孟中印缅经济走廊建设中央综合协调领导小组云南省办事机构，加强对云南省有关工作的指导。加强与国家有关部委的汇报衔接，加快推进优先合作领域和早期收获项目的实施。二是在云南省成立孟中印缅经济走廊建设协调领导机构，与云南省建设面向南亚东南亚辐射中心建设领导小组办公室合署办公，有效整合相关工作力量，长期配合国家有关部委开展此项工作。云南省各级相关责任部门也要切实把走廊建设摆在重要位置，加强领导、精心组织，确保建设工作顺利推进。

（2）着力推进互联互通

要加快建设孟中印缅公路、铁路、机场和水运综合交通运输体系。公路建设方面，可优先考虑连接缺失路段，提升现有公路等级，将云南省的公路干线与缅甸公路网连接起来。近期应重点推进腾冲—猴桥—密支那、孟定清水河—腊戍、打洛—景栋、曼德勒—穆德—莫雷—因帕尔、阿加尔塔拉—马托布迪等跨境高等级公路建设；中远期可考虑推进章凤—八莫、思茅—孟连、密支那—雷多等线技术等级提升。铁路建设方面，重点考虑昆明—瑞丽或腾冲—密支那—加尔各答、昆明—瑞丽—曼德勒—莫雷—达卡—加尔各答、昆明—楚雄—大理—保山—瑞丽—腊戍—曼德勒—皎漂、昆明—楚雄—大理—保山—瑞丽—腊戍—曼德勒—仰光、昆明—楚雄—祥云—清水河—腊戍—曼德勒等五条线路的互联互通。航空建设方面，重点建设昆明长水国际机场，改造芒市、景洪、思茅机场为国际机场。水运方面，重点开通澜沧江—湄公河国际航运，打通中缅陆水联运通道。

同时，要加强孟中印缅政策软环境建设，推进通关便利化。一是建立健全通关便利化的综合协调机制，促进口岸执法部门的交流合作。加强区域各国海关、检验检疫和边防等相关口岸执法部门间的协调配合，推进区域口岸管理部门合署办公、"一地两检"，在协同认证、统一清单、查验结果等方面取得进展。二是改进通关作业流程。对孟中印缅经济走廊区域的通关作业，实行"一站式""一条龙""一个窗口"的联合办公方式。对货物实行联合查验做到"同步开箱、同步查验、同步放行"，实行集中报关报检，简化通关手续。三是启动孟中印缅交通、通关便利化磋商谈判，适时制定和实施区域客货过境运输便利化协议。借鉴大湄公河次区域客货过境运输便利化协议的实施经验，加强孟中印缅四国相关部门在海关、质检、税收、行政司法等多个领域的政策协调。

（3）深化经贸合作

目前，云南省与孟印缅是重要的经贸合作伙伴，但合作形式和内容比较单一，合作层次低，贸易结构不合理，必须秉持开放合作的精神，不断拓宽合作领域，推进合作形式向多元化发展。

一是积极推进孟中印缅经济走廊沿线产业地域性聚集和专业化分工，增强走廊沿线产业内贸易的强度并扩大规模。依托昆明、大理、保山等主要节点城市，以及瑞丽、勐阿、腾冲、孟定、章凤等口岸城镇，加快改造建设一批内外贸一体化的商品交易市场，以及集加工、包装、集散、仓储、运输等功能于一体的区域性商贸中心和配送中心。拓展与走廊各方在跨境劳务、国际运输服务、国际货物保险、国际结算服务等传统领域开展服务贸易业务，推进货物贸易和服务贸易相互促进。

二是加快推动云南企业"走出去"，并优先在农业种植、装备建材、矿业加工、电子信息、生物医药、能源开发、商贸物流、旅游金融等领域与孟印缅三国开展产业合作。积极鼓励云南企业在孟印缅投资建设"中国投资和制造业园区",加快合作建设好密支那经贸合作区、皎漂经济区。支持孟印缅三国赴云南省投资建立特色产业园区,鼓励在云南滇中产业聚集(新)区,建立软件、医药和高科技等工业园区。支持在瑞丽等地建立印度畜牧业及奶产业园区、缅甸种植园区等。

三是提升会展业规模和层次。继续办好中国—南亚博览会、中国昆明进出口商品交易会。提升孟中印缅地区合作论坛、中国—南亚商务论坛、中国(昆明)国际花卉展和昆明泛亚国际农业博览会等展会活动的规模和层次,将昆明市建成面向东南亚南亚的区域性国际会展中心。

(4) 强化产业支撑

主要从以下几个方面着手,一是建设一批国家级的、承接东中部地区产业转移的基地和面向南亚东南亚的出口加工基地,吸引一批能充分利用两种资源、两个市场的"两头在外"企业到云南省落户发展。在云南省布局一批石化、物流、生物、现代服务业、新能源等新兴战略性产业,加快构建"内引外联"的特色优势产业体系。争取将援助南亚东南亚国家的项目,优先交给云南省有资质的企业承担或在云南省内进行招标。

二是加快物流业发展。依托对内连接中西部各省(区、市)、长三角地区、珠三角地区,对外连接南亚东南亚,直达印度洋的国际物流通道，加速发展现代物流业。整合已有的物流信息平台以及商务、海关、交通运输等物流信息资源，建设面向南亚东南亚的物流公共信息平台，引进和培育一批物流企业。推动物流业国际合作，积极吸引世界知名物流企业在西南地区设立区域性总部，促进第三方物流发展。

三是强化金融业服务功能。把昆明建成面向南亚东南亚的区域性金融中心。支持南亚东南亚国家银行等金融机构到云南省设置分支机构。支持富滇银行等符合条件的地方金融机构到南亚东南亚国家设立分支机构。加快昆明国际金融产业中心园区建设。增加云南省跨境贸易人民币结算试点企业数量，扩大结算规模。支持符合条件的在滇各金融机构与南亚东南亚国家开展双边本币结算合作，为企业双边本币结算提供服务。开展人民币与周边国家币种的直接挂牌兑换试点业务，建立支付清算机制。

四是完善科技创新服务体系。推动现有科技创新资源整合，加强与国内外著名院校、科研机构及跨国企业的研发合作。搭建国际科技合作平台，完善"中国—东盟科技论坛"机制，推动与东盟和南亚各国在矿产资源开发等优势互补领域的双边或多边科技合作。

（5）开展园区合作

以园区共建和发展"飞地经济"为核心，鼓励国内各方企业在云南经济走廊交通沿线、中心城市、商贸节点市镇、边境城镇、特色农业区等地建立产业园区、经贸合作区、边境（跨境）经济合作区，扩大投资、带动产业发展。积极鼓励云南省企业在孟印缅开展产业合作，投资建设中国投资和制造业园区，加快合作建设好密支那经贸合作区、皎漂经济区。支持孟印缅三国赴云南省投资建立特色产业园区，鼓励在云南省滇中产业聚集（新）区建立软件、医药和高科技等工业园区。支持在瑞丽等地建立印度畜牧业及奶产业园区、缅甸种植园区等。

（6）力推能源合作

根据孟印缅三国能源资源丰富、电力紧缺、设备及输送网络等基础设施落后的特点，积极参与推进区域内水电、太阳能、风能、油气、生物质能等能源资源的合作开发利用，大力发展区域能源贸易、完善能源输送体系，提高能源效率。

一是建立完善能源合作机制。首先要加强与孟印缅三国政府间的沟通，形成政府间的专门针对孟中印缅经济走廊能源合作的对话机制，共同谋划经济走廊能源合作。其次要重视和发挥现有合作平台的影响。多层次、多领域、多形式推进孟中印缅经济走廊能源合作。最后要发挥联合国贸易和发展会议、世界银行、亚洲开发银行等国际组织等的协调作用。重视并加强与有关国际组织的合作，充分发挥其地区协调人的作用，帮助消除孟中印缅经济走廊在能源合作进程中的基础设施制约和国别政策障碍。

二是选准能源合作的途径与方式，提高合作层次和水平。在孟中印缅经济走廊能源合作的进程中，可以更多地推进多边合作项目。不仅有利于消除政治顾虑，也有利于节约资本。同时，加大扶持力度，支持民营企业灵活参与。进一步扶持有实力、有潜力的民营企业以灵活方式参与孟中印缅经济走廊能源合作项目，为中国与周边国家的能源合作注入新的活力。

三是重视能源基础设施建设。能源基础设施建设是孟中印缅开展能源合作的一大要务，也是最容易从合作规划走向合作现实的切入点。一方面，受资金和技术的限制，孟缅两国的能源基础设施非常薄弱，急需开展电网和炼油厂等能源基础设施建设。另一方面，为了促进能源在孟中印缅走廊内的流通，必须加快孟中印缅地区的交通互联互通，统筹谋划区域内的能源输送通道建设，完善区域运输网络，提高能源跨国运输能力。通过能源基础设施建设，推动地区能源网络的构建，使孟中印缅的能源网络实现对接。而能源基础实施项目建设的辐射作用必然会带动沿线经济和社会的发展，为孟中印缅经济走廊的建设和发展提供良好的环境。

四是扩大新能源合作。孟中印缅要加强新能源开发利用合作，积极开展太阳能、风能、沼气、地热能、潮汐能等清洁新能源的推广应用，提高非化石能源占一次能源消费的比重，减少二氧化碳排放量，使经济社会与环境协调发展。

五是建立能源区域性交换枢纽。加快与周边国家在能源管道和电力联网上的互联互通合作。依托中缅油气管道，建设石油炼化基地，以从周边国家进口的油气保障西南地区的油气供应。加强与周边国家的电网联网和电力互换，拓展周边国家的电力市场，将云南省建成中国面向东南亚南亚的能源区域交换枢纽。

六是创建能源信息平台。通过进一步加强网络和媒体的合作，实现能源合作中的优势资源互补，真正达到资源共享。同时对能源合作中可能遇到的或实际存在的问题进行研究和沟通，从而实现互利共赢局面。

(7) 拓展交流合作渠道

主要通过以下几个方面进行。一是加强文化交流。在文学、艺术、影视、民族特色文化等各个领域开展国际巡回展示、交流研讨，积极举办突出走廊各国特色的国际文化周、艺术节、旅游节、图书展、影视展、体育比赛等活动，建立各类文化交流中心，逐步把云南省建设成为向周边各国传播中华文化的基地和沟通中外的国际文化交流中心。

二是推动教育合作。加强汉语国际推广基地建设，积极争取国家汉办支持，由云南省到孟印缅三国开办更多孔子学院（课堂）。与孟印缅三国教育部门、学校和教育机构建立经常性联系和合作机制，建立面向孟印缅三国的国际教育基地和人力资源开发中心，加大对孟印缅三国留学生的招录。

三是开展科技交流合作，促进云南省与孟印缅三国在应用研究、技术开发、成果转让等方面的合作。建立中国面向西南开放的科技合作研究中心、科技实验区和科技产业园区。深化与印度在农业、生物、IT 等领域的科技合作，以及与缅甸在农业机械、替代种植、地震研究等领域的合作。

四是促进生态环保合作。针对孟印缅三国工业发展滞后、技术水平较低的情况，中国应加强在钢铁、有色、水泥、化工、建材等重点耗能行业与其他三国的技术交流。积极向孟印缅三国推广农业抗旱节水技术、生物多样性保护技术等适应气候变化的技术，与周边国家共同做好资源开发、环境治理、生态保护等方面工作，促进区域生态文明建设。

五是打造旅游产业新优势。培育澜沧江—湄公河水路黄金旅游线、孟中印缅旅游圈等一批跨国跨境旅游精品线路。简化游客出入境手续，提供办证便利服务。深化与大湄公河次区域国家、孟印缅三国的旅游合作，开展互通车辆、安全警报发布、旅游信息交流等合作，提升区域性国际旅游集散地功能，建设孟中印缅区域无障碍旅游区。争取率先实现昆明—曼德勒—皎漂经济走廊人员交往及旅游的便利化。

六是推进区域安全合作。进一步加强边境治安整治，加大对贩枪贩毒、非法入境等突出问题的查处力度，强化边境维稳情报信息收集研判，建立健全与周边地区的警务合作、协调联络以及反恐合作等机制。

（8）加快口岸建设

加快口岸建设，一是以公路口岸为基础，提升公路等级。加快提升跨境公路境外段道路等级。推动缅甸密支那至班哨公路、密支那至雷多公路的升级改造。争取将腾冲—滇滩通道纳入国家口岸建设规划，提高通关效率。加强孟中印缅四国协调，提高口岸的通关能力，降低通关成本。

二是加快水路口岸建设，降低货物运输成本。提高澜沧江三个水运口岸航道通行能力，推进缅甸密支那至八莫航道疏浚工程，加强水陆联运的设计与协调。

三是填补铁路口岸空白，加快跨境铁路对接。瑞丽口岸要提前部署铁路跨境对接系统，探索优化火车轨距差异处理方案。

四是加强航空口岸建设，打造空中国际大通道。加快拓展昆明机场的国际航线，增加开通昆明直达印度、缅甸和孟加拉国大中城市的直航线路，打造便捷的空中经济走廊。加快推进云南腾冲、芒市机场航空口岸建设。

五是加强区域国际协调，提高口岸整体通关效率。在大理、保山等交通枢纽设置内陆口岸，高效、便捷地办理出入境手续，采取中缅、印缅、缅孟和印孟双边口岸联席会议制度和四方联检部门定期沟通机制，为出入境口岸和设施的高效畅通提供保障。

（9）抓好项目实施

各级各部门要紧紧围绕孟中印缅经济走廊建设的主要任务，抓紧项目启动的准备工作，研究开发一批事关长远发展的大项目特别是早期收获项目，把握好项目申报的时机和程序，并争取进入国家"一带一路"项目库等大盘子里，得到国家更多支持。加强与国家有关部委的汇报衔接，加快推进优先合作领域和早期收获项目的实施；滚动开发和储备一批高质量的对接项目，做到谋划一批、洽谈一批、开工一批，用项目来支撑和推动经济走廊建设。

（10）完善政策服务

积极争取中央财政、税收、土地、金融等各方面政策支持，用足、用好、用活各项政策，充分发挥政策的导向和调节作用。围绕孟中印缅经济走廊建设的各项重大举措，适时研究出台有针对性的后续配套政策，提出操作性强的具体办法，及时跟踪政策实施情况，不断完善各项政策，促进资源合理有效配置；不断提升服务质量，吸引企业以推进走廊建设为立足点，按照走廊走向和辐射范围开展商贸投资合作，打造与周边的共同利益纽带。

主要参考文献

云南省教育厅：《关于孟中印缅教育合作的情况及建议》，2013。

云南省能源局、云南大学东南亚研究所：《孟中印缅经济走廊建设能源合作研究》，2014。

云南省农业厅：《孟中印缅经济走廊建设农业合作研究课题》，2013。

任佳：《孟中印缅地区经济合作与经济走廊建设构想》，《东南亚南亚研究》2014年第1期。

云南大学：《丝绸之路经济带和21世纪海上丝绸之路战略研究——孟中印缅经济走廊战略》，2014。

卢光盛、邓涵、金珍：《GMS经济走廊建设的经验教训及其对孟中印缅经济走廊的启示》，《东南亚研究》2016年第3期。

卢光盛、邓涵：《经济走廊的理论溯源及其对孟中印缅经济走廊建设的启示》，中国社科院《南亚研究》2015年第2期。

卢光盛、邓涵：《"一带一路"框架下大湄公河次区域经济走廊建设的进展》，《大湄公河次区域合作发展报告》（2015），社会科学文献出版社，2015。

陈继东：《中印缅孟旅游合作》，《南亚研究季刊》2009年第 2 期。

刘云：《共生理论视角下"孟中印缅旅游圈"区域旅游合作研究》，《学术探索》2013 年第 6 期。

陈利君：《孟中印缅经济走廊与"一带一路"建设》，《东南亚南亚研究》2015 年第 4 期。

刘鹏：《孟中印缅次区域合作的国际机制建设》，《南亚研究》2014 年第 4 期。

李晨阳、邹春萌：《"4—X"机制与孟中印缅经济走廊建设》，《世界知识》2015 年第 20 期。

王磊、黄晓燕、曹小曙：《区域一体化视角下跨境经济走廊形成机制与规划实践——以南崇经济带发展规划为例》，《现代城市研究》2012 年第 9 期。

杨鹏：《通道经济：区域经济发展的新兴模式》，中国经济出版社，2012。

邵建平、刘盈：《孟中印缅经济走廊建设：意义、挑战和路径思考》，《印度洋经济体研究》2014 年第 6 期。

杨先明：《信任积累、务实合作和孟中印缅经济走廊建设的推进》，《学术探索》2016 年第 2 期。

周茂权:《点轴开发理论的渊源与发展》,《经济地理》1992 年第 2 期。

陆大道:《区域发展及其空间结构》,科学出版社,1995。

黄馨:《哈大城市走廊演变机理与功能优化研究》,东北师范大学博士学位论文,2011。

周加来、李刚:《区域经济发展差距:新经济地理、要素流动与经济政策》,《经济理论与经济管理》2008 年第 9 期。

周振华、韩汉君:《流量经济及其理论体系》,《上海经济研究》2002 年第 1 期。

王谷成、黎鹏:《GMS 框架下次区域经济走廊功能的演变机制研究》,《东南亚纵横》2009 年第 8 期。

王燕、黄海厚:《莱茵河沿岸发展现代物流带动区域经济发展》,《港口经济》2004 年第 6 期。

赵亮:《欧洲空间规划中的"走廊"概念及相关研究》,《国外城市规划》2006 年第 1 期。

杨怡爽:《区域合作行为、国家间信任与地区性国际公共产品供给——孟中印缅经济走廊推进难点与化解》,《印度洋经济体研究》2015 年第 6 期。

王磊、李建平主编《跨境经济带发展规划研究》,中山大学出版社,2012。

赵悦:《2014 年中巴经济走廊期待发展新动力》,《大陆桥视野》2014 年第 2 期。

陈利君：《中巴经济走廊建设前景分析》，《印度洋经济体研究》2014 年第 1 期。

覃柳琴、赵禹骅：《广西临海大通道经济建设的思考》，《桂海论丛》2008 年第 4 期。

陈利君：《建设孟中印缅经济走廊的前景与对策》，《云南社会科学》2014 年第 1 期。

邵建平、刘盈：《孟中印缅经济走廊建设：意义、挑战和路径思考》，《印度洋经济体研究》2014 年第 6 期。

杨思灵、高会平：《孟中印缅经济走廊建设问题探析》，《亚非纵横》2014 年第 3 期。

刘稚：《大湄公河次区域经济走廊建设和中国的参与》，《当代亚太》2009 年第 6 期。

〔孟〕M. 拉马图拉：《推进孟中印缅交通连接及对策建议——孟加拉国的思考》，张林译，邓蓝校译，《东南亚南亚研究》2010 年第 3 期。

Masahisa Fujita, Paul Krugman, "The new economic geography: Past, present and future", *Papers Regional Science*, Vol. 83, Issue 1, 2004.

Charles F. J. Whebell, "Corridors: a theory of urban systems", *Annals of the Association of American Geographers*, Vol. 59, No. 1, 1969.

CEC, Commission of the European Communities, "The pro-

spective development of the central and capital cities and regions",
Regional Development Studies, No. 22, Luxembourg: Office for Official Publications of European Communities, 1996.

European Commission, ESDP – European Spatial Development Perspective, "Towards Balanced and Sustainable Development of the Territory of European Union", *Luxembourg: Office for Official Publications of the European Communities*, 1999.

Francois Perroux, "Economic Space: Theory and Applications", *Quarterly Journal of Economics*, 1950.

J. R. Boudeville, *Problems of Regional Economic Planning*, Edinburgh University Press, 1966.

Torsten Hagerstrand, *Innovation as a Spatial Process*, Chicago University of Press, 1967.

Douglass C. North, *Institutions, Institutional Change and Economic Performance*, Cambridge: Cambridge University Press, 1990.

R. Ratti, "Spatial and Economic Effects of Frontiers: Overview of Traditional and New Approaches and Theories of Border Area Development", in Ratti and Reichman [M]. *Theory and Practice of Transborder Cooperation*, Verlag Hebing&Lichtenhahn, Basel andFrankfurtMain, 1993.

Ronald H. Coase, "The Problem of Social Cost", *Journal of Law and Economics*. No. 3, 1960.

后 记

由于特殊的区位优势和长期的学术积累，区域和次区域合作多年来一直是云南大学周边外交研究中心主要的研究方向之一，形成了"关注周边，追踪热点，透视时政、服务决策"的研究特色。自 2013 年孟中印缅经济走廊建设和"一带一路"战略提出以来，笔者先后承担了《丝绸之路经济带和 21 世纪海上丝绸之路战略研究——孟中印缅经济走廊战略》（2013 年国家发改委委托项目）、《云南参与孟中印缅经济走廊建设的早期收获研究》（2013 年度云南省哲学社会科学重大招标项目）、《孟中印缅经济走廊建设合作平台构建与实施路径研究》（2014 年度云南省省院省校教育合作人文社会科学研究项目）、《"一带一路"视野下的跨界民族及边疆治理国际经验比较研究》（2015 年国家社科基金重大项目）等一系列相关研究项目，对孟中印缅经济走廊建设相关的理论与实践问题进行了多层次、多角度的系统研究。在此基础上，本书对经济走廊建设的相关理论、国际经验进行全面梳理和总结，并提出有参考意义的理论启示；对新形势下推进孟中印缅经济走廊建设的环境条件、平台机制、实施路径、合作领域、重点项目等问题进行了专题研究，并就如何实现该经济走廊与"一带一路"建设及中国面向南亚东南亚辐射中心建设等相关战略的有效衔接和积极互动，提出了具有前瞻性、指导性、针对性的工作思路和对策建议，为云南省委、省政府及国家有关部门提供决策参考。

需要说明的是，本书是以相关课题研究成果为基础完成的，笔者作为课题负责人是主要执笔者。同时，云南大学的梁双陆教授、何大明教授、郭树华教授、李涛副研究员和邹春萌副研究员等作为课题组成员，也多有贡献。另外，在本书的撰写过程中，还参考了云南省社会科学院南亚所、四川大学南亚亚所等省内外有关单位、专家的研究成果，并已尽可能详尽地列在文后的参考文献之中，在此一并致谢。同时，由于种种原因，文中错漏在所难免，希望有关专家、领导给予批评指正。

刘　稚　卢光盛

2016 年 8 月 28 日于云南大学映秋院

图书在版编目（CIP）数据

孟中印缅经济走廊建设的理论与实践／刘稚等著
. --北京：社会科学文献出版社，2017.1
（云南大学周边外交研究中心智库报告）
ISBN 978 - 7 - 5201 - 0086 - 1

Ⅰ.①孟…　Ⅱ.①刘…　Ⅲ.①国际合作 - 区域经济合
作 - 研究 - 孟加拉国、中国、印度、缅甸　Ⅳ.
①F125.535

中国版本图书馆 CIP 数据核字（2016）第 300518 号

·云南大学周边外交研究中心智库报告·

孟中印缅经济走廊建设的理论与实践

著　　者／刘　稚　卢光盛 等

出 版 人／谢寿光
项目统筹／宋月华　杨春花
责任编辑／孙以年　王晓燕

出　　版／社会科学文献出版社·人文分社（010）59367215
　　　　　　地址：北京市北三环中路甲 29 号院华龙大厦　邮编：100029
　　　　　　网址：www.ssap.com.cn
发　　行／市场营销中心（010）59367081　59367018
印　　装／北京季蜂印刷有限公司

规　　格／开　本：787mm × 1092mm　1/16
　　　　　　印　张：18　字　数：178 千字
版　　次／2017 年 1 月第 1 版　2017 年 1 月第 1 次印刷
书　　号／ISBN 978 - 7 - 5201 - 0086 - 1
定　　价／89.00 元

本书如有印装质量问题，请与读者服务中心（010 - 59367028）联系